Sundaravadivazhagan B.
Jaganathan Palanichamy

# Análise de desempenho de esquemas de difusão em MANET

Sundaravadivazhagan B.
Jaganathan Palanichamy

# Análise de desempenho de esquemas de difusão em MANET

ScienciaScripts

**Imprint**
Any brand names and product names mentioned in this book are subject to trademark, brand or patent protection and are trademarks or registered trademarks of their respective holders. The use of brand names, product names, common names, trade names, product descriptions etc. even without a particular marking in this work is in no way to be construed to mean that such names may be regarded as unrestricted in respect of trademark and brand protection legislation and could thus be used by anyone.

Cover image: www.ingimage.com

This book is a translation from the original published under ISBN 978-620-2-05775-2.

Publisher:
Sciencia Scripts
is a trademark of
Dodo Books Indian Ocean Ltd. and OmniScriptum S.R.L publishing group

120 High Road, East Finchley, London, N2 9ED, United Kingdom
Str. Armeneasca 28/1, office 1, Chisinau MD-2012, Republic of Moldova, Europe
Printed at: see last page
**ISBN: 978-620-7-80424-5**

# ÍNDICE DE CONTEÚDOS

# LISTA DE SÍMBOLOS E ABREVIATURAS

| | | |
|---|---|---|
| $A_{ij}(t)$ | - | Markov property |
| ABR | - | Associatively Based Routing |
| AODV | - | Ad Hoc On-DemandDistance Vector |
| BRP | - | Broadcast Resolution Protocol |
| $C$ | - | Counter |
| CBAB | - | Cluster Based Adaptive Broadcasting Scheme |
| CBR | - | Constant Bit Rate |
| CHC | - | Cluster Head Competence |
| CH | - | Cluster Heads |
| CM | - | Cluster Members |
| DCB | - | Double Covered Broadcast |
| DCF | - | Distribution Coordination Function |
| DNS | - | Domain Name Systems |
| DRD | - | Dynamic Route Discovery |
| DSDV | - | Destination-Sequence Distance Vector |
| DSR | - | Dynamic Source Routing |
| DT | - | Delay Time |
| EAC | - | Expected Additional Coverage |
| EBCD | - | Efficient Broadcast based on Network Coding and Directional Antennas |
| GPS | - | Global Positioning Systems |
| HARP | - | Hybrid Adaptive Routing Protocol |
| IARP | - | Intrazone Routing Protocol |
| IERP | - | Interzone Routing Protocol |
| $L_{ij}$. | - | Link |
| LAR | - | Location Aided Routing Proocol |
| LC | - | Link Tolerant Capacity |
| LSB | - | Link State Routing Broadcast |
| LVC | - | Loose Virtual Clustering |

| | | |
|---|---|---|
| MANET | - | Mobile Ad-Hoc Network |
| MAODV | - | Multicast AODV |
| MAODV-BB | - | Multicast AODV-Backup Branches |
| MID | - | Multiple Interface Declaration |
| MPR | - | Multipoint Relaying |
| $N$ | - | Number of nodes |
| $Ni$ | - | Number of neighbor nodes |
| NBPR | - | Neighbor based Probabilistic Rebroadcast |
| $n_{max}$ | - | Maximum number of neighbors |
| $n_{min}$ | - | Minimum number of neighbors |
| NNC | - | Neighbor Node Coverage |
| NRL | - | Normalized Routing Load |
| OLSR | - | Optimized Link State Routing |
| PDR | - | Packet delivery ratio |
| $P$ | - | Probability value |
| $p_c$ | - | Initial probability threshold value |
| $p_i$ | - | Forwarding probability value |
| QoS | - | Quality of service |
| RAD | - | Random Assessment Delay |
| RREP | - | Route Reply |
| RREQ | - | Route Request |
| RZRP | - | Reactive Zone Based Routing Protocol |
| SRB | - | Saved Rebroadcast |
| SMF | - | Service Magnetic Discipline |
| T | - | timeperiod of the total packet transmission of link the network |
| TC | - | Topology Control |
| $T_d(n_i)$ | - | Delay ratio of the node $n_i$ |
| TORA | - | Temporally-Ordered Routing Algorithm |
| TTL | - | Time To Live |
| $U(n_i)$ | - | Uncovered neighboring nodes |
| $\mu_k(l_i)$ | - | Forwarding index probability value |

| | | |
|---|---|---|
| WIFI | - | Wireless Fidelity |
| WLAN | - | Wireless Local subject Area Networks |
| WRP | - | Wireless Routing Protocol |
| X | - | total number of packets transmitted from the node $n_i$ To the node $n_j$ |
| Y | - | Number of the packet received by the node $n_j$ from the node$n_i$. |
| ZRP | - | Zone-based Routing Protocol |
| $\alpha$ | - | the constant whose value is$0 < \alpha < 1$ |

# Capítulo 1

## Introdução

Neste capítulo, apresentamos a necessidade de estudar Broadcasting em Mobile Ad hoc Networks e discutimos esses conceitos, definimos Características, Desafios de MANET e Roteamento em MANET.

### 1.1 MANET

As rotas das redes MANET entre a origem e o destino são difíceis de identificar, o que conduz a problemas de tempestade de difusão, como a redundância, a colisão e a contenção. Nesta investigação, foram desenvolvidas várias técnicas para criar a Rede Adhoc Móvel (MANET), que determina o caminho ótimo entre os nós de comunicação para ultrapassar os problemas de tempestade de difusão.

#### 1.1.1 Difusão em MANET

Atualmente, a difusão de informações desempenha um papel fundamental na ligação entre os nós de origem e de destino. A comunicação eficaz é possível nas redes móveis adhoc (MANET) porque estas se auto-configuram continuamente e têm um ambiente sem infra-estruturas. Devido a estas redes sem infra-estruturas, cada consumidor comunica diretamente com uma estação de base para obter informações úteis. Numa MANET, a difusão é uma das operações importantes que transmitem pacotes idênticos a todos os nós da rede. Durante o processo de difusão de informações, todos os nós vizinhos são capazes de reencaminhar os pacotes na comunidade. Com base nesta transmissão, são transmitidas informações úteis na rede para estabelecer um sistema de comunicação eficiente. Assim, a difusão de informações desempenha um papel significativo em várias aplicações, como as militares, educativas, de serviços de emergência, comerciais, domésticas e empresariais.

#### 1.1.2 Estrutura da MANET:

A MANET é uma rede sem infra-estruturas que exige que todos os nós comuniquem com uma estação de base. Uma rede adhoc móvel (MANET) não depende de uma infraestrutura fixa para a sua comunicação, o que é mostrado na Figura 1.1 como a estrutura geral da MANET.

**Figura 1.1** *Estrutura da MANET*

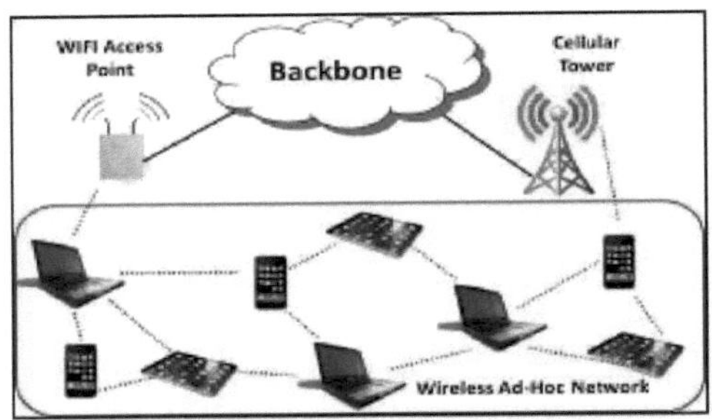


### 1.1.3 Características das MANET

A MANET é uma topologia auto-organizável que cria a rede que altera o caminho de encaminhamento sem a intervenção da estação de base. A MANET não suporta a infraestrutura e tem algumas propriedades que são semelhantes às das redes tradicionais. Além disso, contém características peculiares que são discutidas a seguir,

- Encaminhamento multi-salto
- Terminais auto-dirigidos
- Operações disseminadas
- Topologia de rede dinâmica
- Capacidade de ligação inconsistente
- Auto-criação, auto-organização e autoadministração
- Energia limitada da bateria

### 1.1.4 Desafios das MANET

A rede móvel adhoc é um dos estudos mais populares nos últimos anos. Apesar de apresentar alguns desafios aquando da difusão da informação na rede, que são mencionados a seguir,

- Escalabilidade

- Encaminhamento
- Qualidade do serviço
- Modelo cliente-servidor
- Segurança
- Conservação da energia
- Cooperação entre nós
- Interoperação

## 1.2 ENCAMINHAMENTO NA MANET

O encaminhamento é o processo de transmissão de informações de uma fonte para um destino na rede ad-hoc. Durante a transmissão da informação, é necessário encontrar pelo menos um nó intermédio na rede. Tem duas etapas básicas: inicialmente, identifica-se e determina-se o caminho ótimo e, em seguida, transmite-se a informação através da rede. No momento da transmissão da informação ou do pacote, todos os nós contribuem para o protocolo de encaminhamento, que está organizado da seguinte forma, ilustrada na Figura 1.2. Os protocolos de encaminhamento dividem-se em três categorias diferentes, como o protocolo reativo ou a pedido, o protocolo proactivo ou orientado por tabelas e os protocolos híbridos. Cada tipo de protocolo tem alguns dos protocolos de encaminhamento que são utilizados para transmitir a informação na rede, estimando a rota optimizada.

**Figura 1.2** *Classificação dos protocolos de encaminhamento*

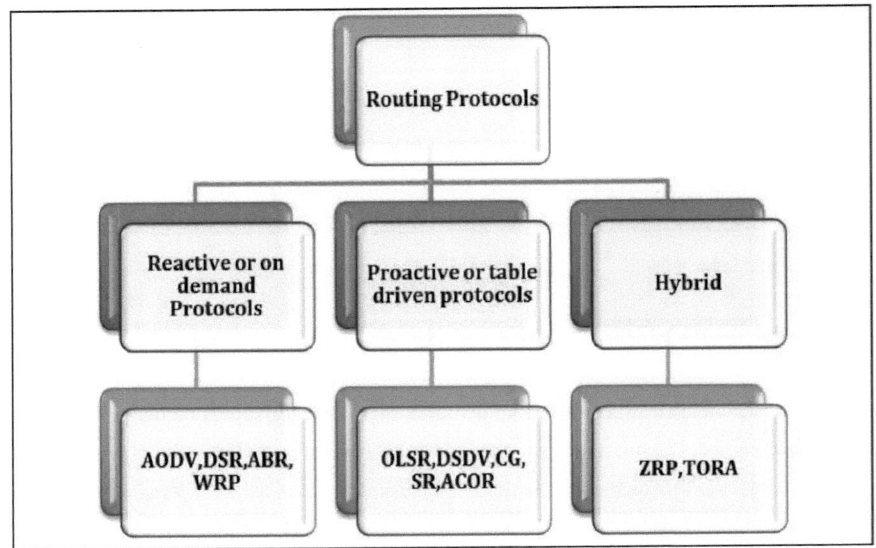


### 1.2.1 Descoberta de rotas da origem ao destino

Durante o processo de estabelecimento e manutenção de rotas, seguem-se três tipos de mensagens de controlo, sendo a primeira a mensagem de pedido de rota (RREQ), que é utilizada para solicitar a rota a um nó. Cada mensagem RREQ é composta pelo Time To Live (TTL), que é utilizado para identificar quantos saltos a mensagem foi encaminhada durante o encaminhamento da informação. A segunda é a mensagem de resposta de rota (RREP), que é utilizada para responder ao requerente sobre o processo de encaminhamento. Por último, o RREQ monitoriza o estado da ligação e actualiza a atividade dos nós na rede. A Figura 1.3 seguinte mostra um exemplo de método de descoberta de rotas do nó A para J.

**Figura 1.3** *Descoberta de rota do nó A para J*

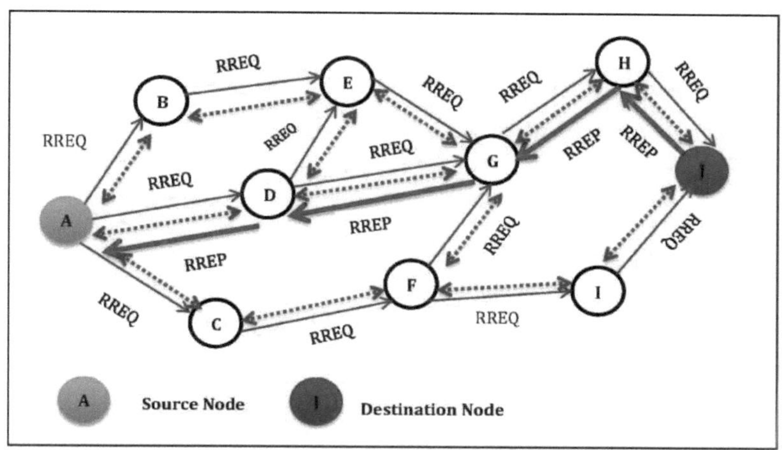


## 1.2. 2Protocolo reativo ou a pedido

O protocolo reativo ou a pedido identifica as rotas quando é necessário transmitir a informação na rede. Durante esse período, o nó de origem inicia o processo de pedido, enviando o pacote Route Request (RREQ) para toda a rede. A rota é estabelecida através do envio do pacote Route Reply (RREP) e o procedimento de manutenção é aplicado à rota. Existem vários protocolos reactivos, como o Ad Hoc On-Demand DistanceVector (AODV), o Dynamic Source Routing (DSR) e o Associatively Based Routing (ABR).

### 1.2.2.1Vantagens do protocolo de encaminhamento reativo

- Os protocolos são protocolos de encaminhamento planos, que não necessitam de métodos de organização interna para encaminhar a informação.
- O protocolo identifica a rota optimizada com base na procura e actualiza continuamente o número de sequência para encontrar o destino.
- O atraso na configuração da ligação é muito baixo.
- Evita o problema do infinito através da utilização do protocolo sem anéis.
- Cada nó é mantido durante o processo de encaminhamento para o destino.

Embora o protocolo de encaminhamento reativo tenha várias vantagens, apresenta alguns problemas ao estabelecer o encaminhamento.

### 1.2.2. 2Desvantagem do protocolo de encaminhamento reativo

- Aumento da sobrecarga de controlo.
- Consumo desnecessário de largura de banda.
- Aumento do custo de descoberta de rotas.

### 1.2. 3Protocolo proactivo ou baseado em tabelas

O protocolo de encaminhamento proactivo gere a coerência da rede actualizando as informações de encaminhamento de cada nó da rede. As informações de encaminhamento actualizadas são propagadas a toda a rede para manter uma visão consistente da rede ad-hoc. Esta atualização das informações de encaminhamento reduz o atraso na comunicação ao selecionar o nó seguinte na tabela de encaminhamento. Alguns dos protocolos de encaminhamento proactivos são o Destination-Sequence Distance Vetor (DSDV) e o Optimized Link State Routing (OLSR)

### 1.2.3.1Vantagens do protocolo de encaminhamento proactivo

- O protocolo proactivo é um protocolo de encaminhamento plano, que não necessita de um sistema administrativo central para estabelecer o encaminhamento.
- O protocolo envia a informação de encaminhamento a todos os nós vizinhos presentes na rede.
- O protocolo proactivo não requer uma ligação fiável para o envio de mensagens de controlo porque as mensagens são enviadas em intervalos regulares.

### 1.2.3. 2Desvantagens dos protocolos de encaminhamento proactivos

- Reação lenta à reestruturação e aos fracassos.

- A manutenção do encaminhamento requer grandes quantidades de dados, largura de banda e potência da CPU para estimar o encaminhamento ótimo na rede.

### 1.2. 4Protocolo de encaminhamento híbrido

O protocolo de encaminhamento híbrido é uma combinação de protocolos proactivos e reactivos que é utilizada para obter a rota optimizada durante a transmissão dos pacotes na rede. Inicialmente, o protocolo híbrido divide as redes em diferentes zonas, que podem ser zonas sobrepostas ou não sobrepostas. Depois de criar a zona, o protocolo de encaminhamento proactivo é aplicado à zona interior para identificar a rota e manter as rotas de forma eficiente. O protocolo de encaminhamento reativo é aplicado à zona exterior para identificar o processo de localização da rota de destino. Existem alguns protocolos de encaminhamento híbridos disponíveis, nomeadamente o Zone-based Routing Protocol (ZRP) e o Hybrid Adaptive Routing Protocol (HARP).

#### 1.2.4.1Vantagens dos protocolos de encaminhamento híbridos

- A eficiência do mecanismo de encaminhamento é aumentada.
- Reduz as despesas gerais de controlo
- Minimizar a latência.

#### 1.2.4. 2Desvantagens dos protocolos de encaminhamento híbridos

- Ativação dos nós necessários para efetuar o processo de descoberta de encaminhamento.
- As exigências de tráfego dependem do gradiente do volume de tráfego.

### 1.3Aplicações das MANET

| Application | Possible Service |
|---|---|
| Emergency Services | • Disaster Recovery,<br>• Rescue Operations<br>• Fire Fighting<br>• Hospitals. |
| Commercial and Civilian Environment | • Electronic payments<br>• Dynamic database access<br>• Networks of visitors in airport |
| Home and Enterprise | • Home wireless networking<br>• Conference meetings<br>• Personal Networks |
| Education | • Virtual classroom<br>• Communication Meeting<br>• Campus setting |
| Entertainment | • Multi user games<br>• Theme parks<br>• Robotic Pets |

# Capítulo 2

# ESQUEMA DE DIFUSÃO BASEADO EM CONTADORES PARA MANET

## 2. 1INTRODUÇÃO

A difusão desempenha um papel importante na transmissão da informação na rede. Durante a transmissão de informação, ocorre o problema de Broadcast Storm (BSP). Apesar de estes métodos ultrapassarem o problema da difusão, continuam a ter problemas como falhas de rota e redundância, etc. Este capítulo utiliza o protocolo Effective Counter Based Adaptive Broadcasting Scheme (ECBABS) para melhorar o processo de difusão de informação. Este método recolhe a informação do nó vizinho e o valor limite do nó. Com base no valor de limiar específico, os pacotes duplicados são eliminados com êxito durante a transmissão de informação na MANET.

## 2.2 DIFUSÃO DE INFORMAÇÃO BASEADA EM CONTADORES

Tradicionalmente, o esquema de inundação transmite a informação a todos os pacotes, os pacotes duplicados são simplesmente descartados e o processo continua até que os pacotes cheguem ao nó de destino. Embora este método garanta a entrega de pacotes, ele consome grandes despesas gerais, o que leva a criar o problema de broadcast storm. Em vez de utilizar o processo de inundação cega, o esquema de difusão de informação baseado em contadores é utilizado para ultrapassar o problema da tempestade de difusão. O esquema baseado no contador minimiza o efeito da retransmissão de pacotes redundantes na MANET, utilizando o conceito da relação inversa entre o pacote duplicado recebido durante a difusão e a cobertura adicional esperada (EAC). A Cobertura Adicional Esperada (EAC) não é mais do que o número de nós adicionais que foram recebidos enquanto o nó atual transmitia a mensagem na rede. A representação exemplificativa da EAC é mostrada na Figura 2.1.

**Figura 2.1** *Exemplo de cobertura adicional prevista*

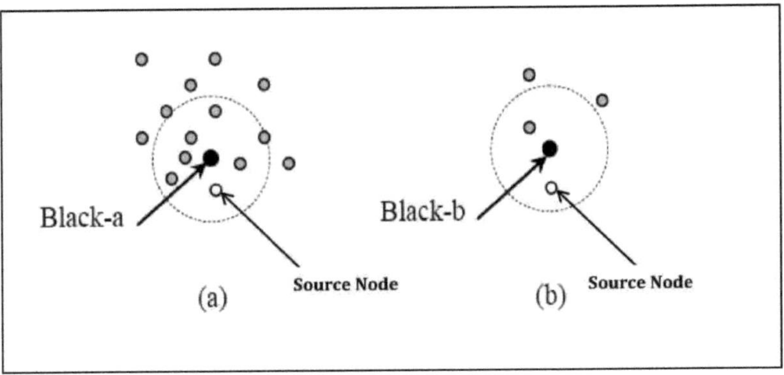


Na Figura 2.1, o nó branco é representado como o nó de origem, é utilizado para iniciar a difusão de informação e os nós sólidos são designados como os nós vizinhos. O nó preto-a tem a maior densidade quando comparado com o nó preto-b, o que significa que o nó preto-a recebe mais pacotes de difusão duplicados do que o nó preto-b. O nó presente no black-a já atingiu o alcance de transmissão, o que mostra que o black-a tem o valor de cobertura adicional esperado mais baixo do que o black-b.

O esquema baseado no contador transmite a informação da seguinte forma: inicialmente, o valor do contador c foi definido pela primeira vez durante a transação, o que permite acompanhar continuamente o número de pacotes duplicados na transmissão. O retardador de tempo é definido utilizando o Random Assessment Delay (RAD) e o valor predefinido escolhido é o valor entre 0 e Tmax. Há duas razões importantes para o atraso.

- Monitoriza o tempo de receção de pacotes redundantes, o que ajuda a determinar se um nó estava a retransmitir ou não.
- O processo de programação minimiza a colisão na rede

O valor RAD calculado é comparado com o valor do contador c em relação ao valor limiar predefinido C. Se o valor do contador for superior ao valor limiar C, então o pacote é descartado; caso contrário, deve ser retransmitido novamente. O pseudo-código para o esquema de difusão baseado no contador é apresentado a seguir.

```
Pre  : Broadcast packet p at node x.
Post : Rebroadcast the packet or drop.
Step 1: Get the broadcast Id
Step 2: Set Random Assessment Delay (RAD)
Step 3: c=1
Step 4: while (RAD) Do
            If (same packet arrives)
            Increment c
Step 5: End while
Step 6: If (c>C)
            Drop packet
            Exit algo.
Step 7: End If
Step 8: Submit packet for transmission.
```

**Figura 2.2** *Pseudo-código do algoritmo de difusão baseado em contadores*

A partir do pseudo-código acima, o pacote redundante foi eliminado com sucesso, mas ainda tem problemas de colisão e contenção que precisam de ser resolvidos através da aplicação do esquema de limiar adaptativo baseado no contador efetivo que é discutido a seguir.

## 2.3 ESQUEMA DE LIMIAR ADAPTATIVO BASEADO NO CONTADOR EFECTIVO (ECBABS)

Esta secção trata do esquema de limiar ECBABS proposto para ultrapassar os problemas de contenção e colisão que ocorrem no esquema de difusão de informação baseado em contadores. O processo proposto de encaminhamento eficaz de pacotes baseado em contadores é apresentado na figura 2.3. O método de funcionamento depende do valor do limiar adaptativo, que tem um valor de probabilidade pré-determinado "p", que pode ser fixado com base na informação sobre a densidade local. Inicialmente, o esquema de contador determina o valor do contador para identificar os pacotes duplicados utilizando o valor de limiar específico e elimina as mensagens redundantes. O A abordagem probabilística não utiliza a informação topológica global para tomar a decisão de retransmissão. Em vez de utilizar a informação global, o nó compara o valor limite do nó específico e o estado da densidade do nó; se o valor for inferior ao valor limite, o nó retransmite a mensagem. No ambiente MANET, o nó altera continuamente a informação sobre a densidade; o valor da probabilidade de um determinado nó reflecte o carácter dinâmico do nó. Para ultrapassar este problema, a informação sobre o nó vizinho é continuamente recolhida através da troca de informação "hello" com todos os nós da rede. A partir das informações recolhidas, é construída a lista de 1 salto, que é utilizada para descobrir o valor da probabilidade do nó que pertence a uma região diferente. As duas novas abordagens probabilísticas de descoberta de rotas são utilizadas para ultrapassar o problema da contenção.

No cenário topológico, se N é o número de nós presentes na rede móvel e $N_i$ é o número de vizinhos do nó $X_i$ num determinado momento. O número médio de vizinhos (n) de um nó num dado momento é definido da seguinte forma

$$\bar{n} = \frac{\sum_{i=1}^{N} N_i}{N} \tag{2.1}$$

em que n é representado pelo número médio de vizinhos

$N_i$ é o número de vizinhos do nó Xi.

N é o número total de nós

Após estimar o número médio de vizinhos na rede, o número máximo ($n_{max}$ ) de vizinhos e o número mínimo ($n_{min}$ ) de vizinhos são identificados a partir do número médio de utilizadores nos nós $x_1$ , $x_2$ ,.... $x_z$ .

$$\overline{n_{max}} = \frac{\sum_{i=1}^{N} N_i}{L} \tag{2.2}$$

Em seguida, o número mínimo de nós vizinhos é determinado da seguinte forma,

$$\overline{n_{min}} = \frac{\sum_{i=1}^{r} N_i}{r} \tag{2.3}$$

Em seguida, o número médio, mínimo e máximo de vizinhos calculado para o cenário topológico em causa é relacionado da seguinte forma,

$$\overline{n_{min}} < \bar{n} < \overline{n_{max}} \tag{2.4}$$

A partir do cenário topológico, calcula-se para um grupo o valor de probabilidade de limiar importante $p_i$ . Um valor elevado de $p_i$ do nó do grupo tem uma região mais densa, o que significa que tem muitos pacotes redundantes e um valor baixo de $p_i$ significa uma região pouco densa. O valor da probabilidade é calculado da seguinte forma

$$p_i = \frac{1}{i} p_c \tag{2.5}$$

em que, *$p_i$ é o valor da probabilidade de reencaminhamento*
*$p_c$ é o valor inicial do limiar de probabilidade*

O nó pertencente a um determinado grupo é identificado utilizando a informação sobre a densidade do nó local, que é definida pelo valor da probabilidade de encaminhamento.

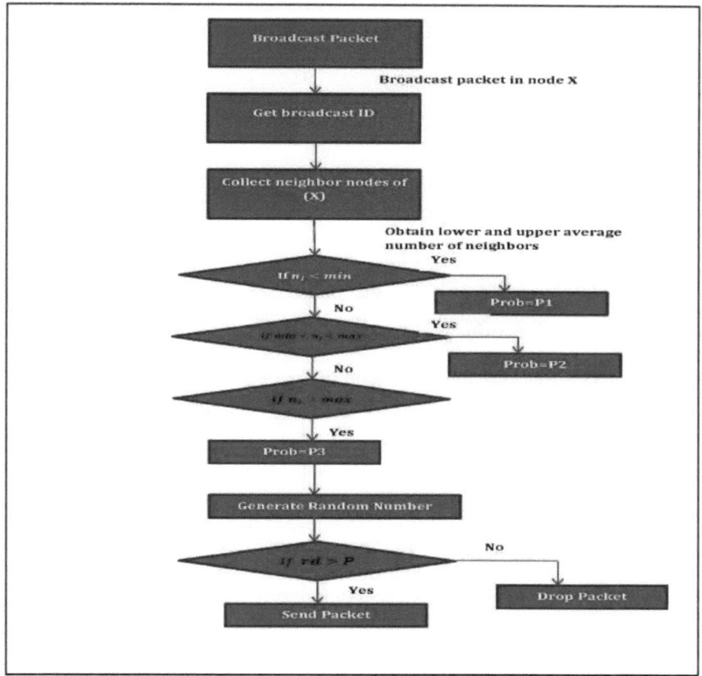


**Figura 2.3** *Processo do sistema ECBABS*

$$N_b = \sum_{i=1}^{2} p_i N_i \qquad (2.6)$$

Onde $N_b$ é a densidade do nó local, $N_i$ é o número de nós pertencentes ao grupo-I e $p_i$ é a probabilidade de encaminhamento no nó.

O esquema baseado no contador é aplicado a cada nó, ajustando o valor limite C com base no estado da vizinhança. Depois de esperar por um atraso de avaliação aleatório (RAD), que é escolhido aleatoriamente entre 0 e $T_{max}$ segundos, se o valor do contador c atingir um limiar predefinido C, o nó não retransmite o pacote recebido. Caso contrário, se c for inferior ao limiar predefinido C, o pacote é retransmitido com uma probabilidade P (baseada na informação sobre a densidade local), em vez de retransmitir automaticamente a mensagem num esquema baseado no contador. O algoritmo para o esquema de limiar adaptativo proposto é discutido a seguir,

### 2.3.1 Algoritmo para o esquema de limiar adaptativo proposto

Neste algoritmo, o pacote redundante é identificado e a utilização de uma probabilidade de retransmissão também é analisada com a ajuda do valor do contador de pacotes. A partir do valor da probabilidade, os nós vizinhos também têm a capacidade de retransmitir os pacotes de forma eficiente.

Assim, para adaptar $T_{max}$ às fases de congestionamento, cada nó mantém um registo da quantidade de pacotes adquiridos por segundo. Assim, cada hospedeiro utilizará um limiar C baseado no seu valor atual de n para verificar se deve ou não retransmitir ou não.

*Protocol Receiving ()*

*Step 1: broadcast packet m at X.*

*Step 2: Get the Broadcast ID from the message,*

*N1 is the minimum number of neighbors,*

*N2 is the maximum number of neighbors, all are the threshold value.*

**Figura 2.4** *Pseudo-código para o esquema de limiar adaptativo proposto*

*Step 3: Get the number of neighbors of nodes X.*

*Step 4: If packet m received for the first time then,*

*Step 5: Get the number of neighbors at node $N_j$ at the node j.*

*Step 6: Get the upper and lower average of numbers of neighbor max and min.*

*Step 7:* $if\ n_j < min$

*Set broadcast probability p=p1*

$else\ if\ min < n_j < max$

*Set broadcast probability p=p2*

$else\ if\ n_j > max$

*Set broadcast probability p=p3*

*Step 8: Generate a random number rd between [0,1]*

*Step 9 :* $if\ rd > p$

*Send packet*

$else$

*Drop packet*

*Step 10: Wait for a random number of slots until the transmission actually starts.*

*Step 11: End while*

*Step 12: Increment the counter threshold*

*Step 13:* $if\ (counte_{threshold} < threshold)$

*Goto step 9.*

*Step 14: Exit algo.*

Deveria haver um mecanismo de descoberta de vizinhos para estimar o valor atual de n. Isto também pode ser efectuado através da troca periódica de pacotes "Hello" entre os nós móveis. Assim, o sistema ECBABS monitoriza continuamente o RAD Tma para evitar o congestionamento entre os pacotes de forma eficiente. O desempenho do sistema proposto é avaliado utilizando as seguintes métricas.

## 2.4 MÉTRICAS DE DESEMPENHO

As informações são difundidas nas redes móveis utilizando o esquema de contador probabilístico baseado em limiares. O método proposto identifica e elimina com êxito os pacotes redundantes durante a transferência dos pacotes nas redes Adhoc móveis. O desempenho do sistema proposto é analisado utilizando as seguintes métricas.

**Acessibilidade**

A acessibilidade é uma das métricas importantes que é utilizada para medir a quantidade de nós que podem receber um pacote de difusão porque o nó pode não conseguir identificar os vizinhos enquanto difunde os pacotes na MANET.

**Retransmissão guardada (SRB)**

Isto é denotado como (r - t)/r, onde r representa o número de nós que receberam a mensagem de difusão e t denota o número de nós que transmitiram a mensagem. Um anfitrião móvel retransmite cada pacote de pedido de encaminhamento se o receber pela primeira vez. Consequentemente, existem N-1 retransmissões possíveis, em que N é o número total de nós móveis.

**Atraso de ponta a ponta**

O atraso extremo-a-extremo é a medida que representa a diferença de tempo média entre o momento em que um pacote de dados é enviado pelo nó de origem e o momento em que é recebido com êxito pelo último nó da rede.

**Encargos de encaminhamento**

O número total de pacotes de pedido de itinerário transmitidos durante o tempo de simulação. Para pacotes enviados através de múltiplos saltos, cada transmissão através de um salto é contada como uma transmissão.

### 2.4.1 Resultados da simulação

A eficácia da métrica proposta do atraso de avaliação aleatória foi avaliada utilizando diferentes simulações, comparadas com o esquema baseado no contador, o vetor de distância Adhoc a pedido. Durante o processo de implementação, o sistema proposto utiliza os seguintes parâmetros de simulação, conforme indicado na Tabela 2.1.

**Tabela 2.1 Parâmetro de simulação**

| Simulation Parameter | Parameter Value |
|---|---|
| Simulator | NS2 (v.2.29) |
| Transmission Range | 100 meters |
| Bandwidth | 2 Mbps |
| Interface Queue Length | 45 |
| Packet size | 512 bytes |
| Traffic type | CBR |
| Packet rate | 10 packets/sec |
| Topology size | 600 * 600m2 |
| Number of nodes | 20,30,...45 |
| Number of trials | 30 |
| Simulation Time | 900 sec |
| Maximum Speed | 20 m/s |
| Counter Threshold ( C ) | 4 |
| RAD Tmax | 0.01 seconds |

Utilizando o parâmetro de simulação, o cenário de topologia dadc, se N é o número de nós da comunidade e Ni é a quantidade de vizinhos de um nó xi num determinado instante de tempo, a quantidade normal de vizinhos n de um nó da rede nesse momento foi definida através da relação. As situações de simulação consistem em três configurações especiais, cada uma delas concebida excecionalmente para avaliar o efeito de uma determinada comunidade em funcionamento no desempenho dos protocolos. Em primeiro lugar, a influência da rede é avaliada através da implantação de 25, 50 e 100 nós móveis. A segunda situação de simulação investiga os resultados da carga oferecida sobre a eficiência dos protocolos de encaminhamento através da variação da quantidade de pares de destino de fornecimento (abreviadamente, fluxos) no intervalo de 1, 5, 10, 15 fluxos para cada situação de simulação. O último conjunto de simulações avalia a influência da eficiência da mobilidade dos nós através da variação da velocidade máxima dos nós de quarenta e cinco células, numa gama de 1, 5, 10, 15, 20 e 25 m/s, numa situação constante. O desempenho de coordenação distribuída (DCF) do protocolo IEEE 802.11 é utilizado como protocolo da camada MAC, ao mesmo tempo que o modelo de ponto de passagem aleatório é utilizado como modelo de mobilidade. Num modelo de mobilidade de ponto de passagem aleatório, cada nó no início da simulação permanece estacionário durante um período de pausa de segundos, depois escolhe um destino aleatório e começa a aproximar-se dele com um ritmo selecionado aleatoriamente. Depois de o nó chegar ao seu destino, pára novamente durante um intervalo de tempo de pausa e escolhe um novo destino e um novo ritmo. Este ciclo repete-se até que a simulação termine. A simulação pode ser efectuada durante 900 segundos para cada cenário de simulação.

## 2.5 ANÁLISE DO DESEMPENHO

A partir dos resultados da simulação, o desempenho foi avaliado utilizando as métricas Efeitos da carga de tráfego oferecida, Carga de encaminhamento normalizada (NRL), Atraso médio de fim de linha e Rácio de entrega de pacotes (PDR).

### 2.5.1Efeitos da simulação da carga de tráfego oferecida

A simulação da carga de tráfego fornecida é efectuada através da alteração do número de ligações de taxa de bits constante (CBR). Esta ligação CBR garante que cada um dos nós de uma transmissão é mantido de ponta a ponta da comunicação. Assim, o serviço do fornecedor é utilizado para a transmissão de voz e vídeo que requer pouca ou nenhuma perda de nós e controlos temporais mínimos durante a transmissão. Os números de ligações CBR que são vistos nas experiências são 10, 20, 30 e 45 para a quantidade de nós. O ritmo máximo de 20 m/s é escolhido para conhecer os efeitos da carga de tráfego na rede com velocidade excessiva.

Quando a velocidade é excessiva, a carga de tráfego concentra-se nalguns nós, o que provoca o congestionamento.

Em seguida, as métricas de simulação são,

Número de nós : 45

Velocidade máxima : 20 m/s

Taxa de pacotes : 4 pacotes/segundo

## 2.5. 2Carga de encaminhamento normalizada (NRL)

O desempenho do sistema proposto é analisado utilizando a carga de encaminhamento normalizada, que é comparada com o tamanho da rede, que é apresentado na tabela 2.2 e a representação gráfica relacionada é apresentada na Figura 2.5.

**Tabela 2.2 Carga de encaminhamento normalizada**

| Number of Nodes | Normalized Routing Load | | |
|---|---|---|---|
| | AODV | Counter | ECBABS Method |
| 30 | 2.5 | 2.23 | 1.57 |
| 40 | 2.56 | 2.41 | 1.69 |
| 50 | 2.67 | 2.46 | 1.75 |
| 60 | 2.73 | 2.5 | 1.91 |
| 70 | 2.98 | 2.53 | 2.1 |

A Tabela 2.2 acima mostra que a comparação da carga de encaminhamento normalizada para o esquema de encaminhamento baseado em contador efetivo proposto com o vetor de distância Adhoc On-demand existente e os resultados do esquema baseado em contador normal e a representação gráfica relacionada é mostrada na Figura 2.5.

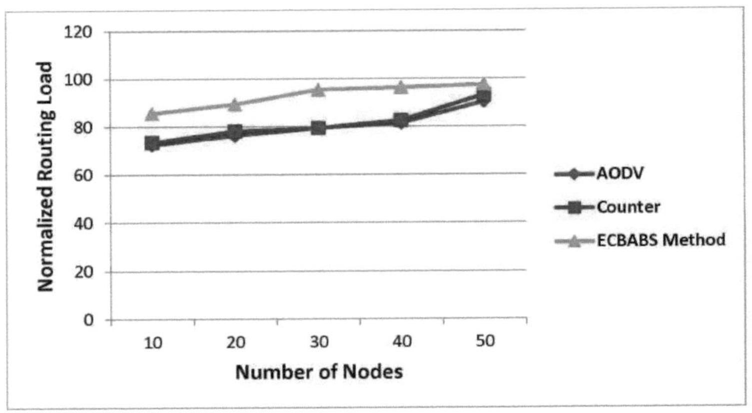


**Figura 2.5 Carga de encaminhamento normalizada vs. tamanho da rede**

A Figura 2.5 mostra os resultados da carga de encaminhamento normalizada versus o número de ligações para o esquema proposto, o esquema baseado em contador e o esquema de vetor de distância Adhoc a pedido. Parece que esta figura mostra que o aumento das ligações tem tendência a não resultar num alargamento notável do NRL utilizando o nosso esquema proposto. Quando a carga da rede aumenta, existem muitas ligações entre os nós utilizados para chegar ao destino. Assim, o método proposto utilizado para gerar pacotes de dados e ligações é eliminado devido a colisões e concorrência. No entanto, o nosso esquema proposto irá diminuir o NRL sobre a percentagem de carga dos visitantes em relação a outros esquemas e indica uma maior eficiência até 30%. Isto deve-se ao facto de a inundação enviar sempre os pacotes para todos os nós sem verificar se esses nós obtiveram esse pacote anteriormente; por conseguinte, isto explica uma colisão e uma concorrência no interior da rede, o que conduz a uma maior carga na rede.

## 2.5. 3Atraso médio de ponta a ponta

A métrica seguinte é o atraso médio de extremo a extremo, que é comparado com a dimensão da rede. O sistema proposto consome um atraso mínimo, apesar de o tamanho da rede ter aumentado aleatoriamente, como se pode ver na Tabela 2.3.

**Tabela 2.3 Atraso de extremo a extremo**

| Number of Nodes | End to End Delay | | |
|---|---|---|---|
| | AODV | Counter | ECBABS Method |
| 30 | 76.4 | 55.9 | 21.2 |
| 40 | 83.5 | 63.5 | 32.4 |
| 50 | 93.1 | 76.9 | 43.5 |
| 60 | 98.4 | 82.5 | 56.3 |
| 70 | 100.3 | 93.1 | 61.5 |

A Tabela 2.3 acima mostra que a comparação do atraso extremo-a-extremo do esquema de encaminhamento baseado no contador efetivo proposto com os resultados do vetor de distância Adhoc a pedido existente e do esquema baseado no contador normal e a representação gráfica relacionada é mostrada na Figura 2.6.

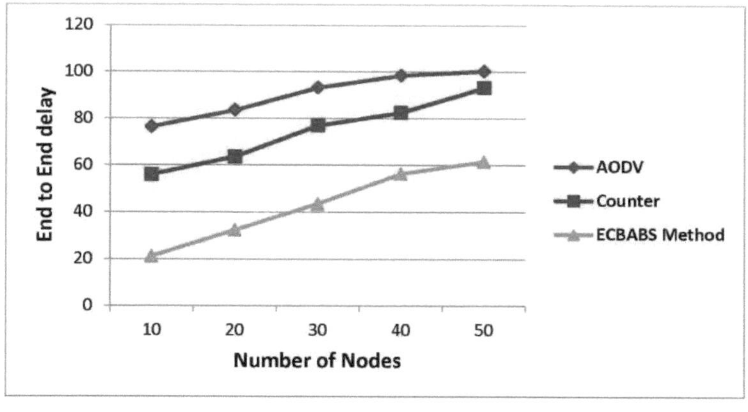

**Figura 2.6 Representação gráfica do atraso de ponta a ponta**

A Figura 2.4 acima representa os atrasos de extremo a extremo de todos os esquemas, como o esquema proposto, o esquema baseado em contadores e o esquema de vetor de distância Adhoc a pedido, com diferentes dimensões de rede. O atraso multiplica-se à medida que a carga dos visitantes do sítio aumenta. O número de pacotes transmitidos na comunidade tem um impacto no atraso de extremo a extremo. Quando o número de ligações CBR aumenta, cresce a quantidade de colisões, de contenções e de pacotes retransmitidos redundantes. Consequentemente, isto resulta em mais retransmissões de pacotes mais próximos do destino e, por isso, leva a um aumento do atraso. A figura sugere que o flooding incorre em maiores comprimentos de fim a fim. Este facto deve-se ao maior número de retransmissões redundantes de pacotes RREQ com colisões e à concorrência causada por muitos pacotes RREQ que não chegam ao local de férias.

### 2.5.4 Rácio de entrega de pacotes (PDR)

Finalmente, o desempenho do sistema proposto é comparado com a taxa de entrega de pacotes, o que significa que o método proposto consegue eliminar a mensagem redundante e encaminhar a informação para o destino de forma eficaz, o que é mostrado no Quadro 2.4.

**. Tabela 2.4 Rácio de entrega de pacotes**

| Number of Nodes | Packet Delivery Ratio | | |
|---|---|---|---|
| | AODV | Counter | ECBABS Method |
| 30 | 72.5 | 73.4 | 85.6 |
| 40 | 76.32 | 78.1 | 89.32 |
| 50 | 79.4 | 79.3 | 95.3 |
| 60 | 81.4 | 82.5 | 96.2 |
| 70 | 90.3 | 93.1 | 97.4 |

A Tabela 2.4 acima mostra que o sistema proposto transmite o pacote na rede sem fios com um rácio de entrega de pacotes elevado quando comparado com os outros métodos e a representação gráfica relacionada é mostrada na Figura 2.7.

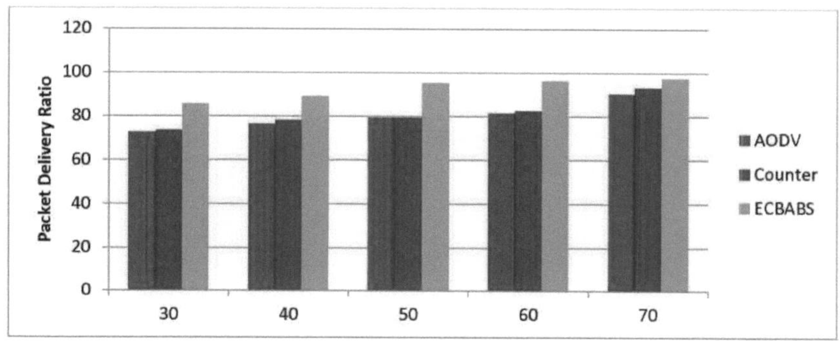


**Figura 2.7 Representação gráfica do rácio de entrega de pacotes**

A Figura 2.8 acima representa a PDR para todos os esquemas, como o esquema de limiar adaptativo proposto, o esquema baseado em contador e o AODV. Esta figura mostra que o nosso esquema proposto tem um melhor valor de PDR em comparação com os outros dois esquemas baseados em contadores e de inundação. O rácio de entrega de pacotes aumenta com o aumento do número de ligações pelo seguinte motivo: quanto maior for o número de ligações na rede, mais fáceis e mais fáceis são os caminhos mais curtos para o local de férias. Isto implica que há mais ligações para ligar dois nós, oferecendo uma melhor transmissão em todos os domínios. Consequentemente, existe um maior risco de que uma retransmissão de difusão ocorra de forma eficaz, levando a um rácio de entrega multiplicado.

## RESUMO

Este capítulo descreve o esquema de limiar adaptativo baseado num contador eficaz para encaminhar a informação nas redes Adhoc móveis. O pacote duplicado foi eliminado através do cálculo do ID de difusão da mensagem e do respetivo valor de limiar. O limiar calculado ou o valor da probabilidade é comparado com o valor baseado no contador que é utilizado para eliminar a informação duplicada e redundante do pacote. Finalmente, o desempenho do sistema é avaliado utilizando a ferramenta de simulação NS2 em termos da taxa de entrega de pacotes e do atraso de fim a fim. O sistema proposto atinge 85,6% de resultados optimizados quando comparado com os métodos existentes.

# Capítulo 3

# UMA DESCOBERTA DE ROTAS BASEADA NO ESTADO DA LIGAÇÃO NA MANET

## 3. 1INTRODUÇÃO

Os problemas de tempestade de difusão desempenham um papel crucial na difusão de informação. Embora a abordagem baseada no contador reduza o problema da tempestade de difusão, tem problemas como a elevada largura de banda e o consumo de energia. Neste capítulo, utilizamos a abordagem de descoberta de rotas baseada no estado da ligação para detetar o caminho ótimo, estimando a ligação entre os nós da rede. O caminho selecionado é mantido utilizando a abordagem probabilística que ultrapassa o problema da tempestade de difusão, a utilização da largura de banda e os problemas de consumo de energia.

## 3. 2PROTOCOLO DE ENCAMINHAMENTO DE ESTADO DE LIGAÇÃO

O protocolo de encaminhamento do estado da ligação é um dos protocolos de comutação de pacotes que são utilizados para transmitir o pacote na rede móvel para melhorar as comunicações. Durante o processo de comutação de pacotes, o mapa foi implementado utilizando a conetividade da rede em que cada nó se liga a outro nó. Depois de construir o mapa ou o gráfico, cada nó calcula o caminho lógico ótimo que é armazenado na tabela de encaminhamento. O protocolo de estado da ligação constrói o mapa utilizando os seguintes passos

### 3.2.1Determinação dos vizinhos de cada nó

Este é o passo inicial na construção do mapa, no qual as ligações totalmente funcionais com o nó vizinho mais próximo são identificadas através da aplicação do protocolo de acessibilidade. O protocolo determina o nó vizinho imediato nas redes móveis.

### 3.2. 2Distribuição da informação para o mapa

O segundo passo é distribuir a informação do grafo aos nós vizinhos com a ajuda de uma mensagem curta que inclui,

- O nó que está a produzir a informação
- Determina o nó que está diretamente ligado a todos os outros nós.
- Um número de sequência que é continuamente atualizado enquanto o nó de origem envia a nova mensagem para o nó.

O número de sequência transmitido é guardado porque fornece a informação da mensagem de estado da ligação que é transmitida ao nó que está mais próximo do nó de ligação.

### 3.2.3Criar a via

A última etapa é a criação do mapa, que é efectuada com a ajuda da mensagem de anúncio do estado da ligação. A mensagem de estado da ligação contém a informação sobre o nó vizinho que gera o mapa de conetividade de forma eficiente. Se a ligação tiver sido comunicada sem qualquer informação, considera-se que um nó está ligado ao outro, mas se o nó não comunicar corretamente a informação, o nó não será incluído no mapa. Assim, o processo é recalculado para todos os nós vizinhos continuamente, se um nó não partilhar a informação de encaminhamento, então o protocolo de acessibilidade é executado para identificar o nó vizinho.

Após a criação do mapa, é criada a tabela de encaminhamento para manter as informações de encaminhamento e identificar a rota óptima nas redes Adhoc móveis, que tem as seguintes etapas

### 3.2.4Cálculo do caminho mais curto

O nó do mapa construído acima tem duas informações de estrutura de dados: o nó que está concluído e a lista de candidatos. O caminho mais curto é identificado através da aplicação do algoritmo de Dijistra, que é definido da seguinte forma

- Inicialmente, a árvore tem uma estrutura vazia e todos os nós estão diretamente ligados aos nós vizinhos mais próximos. Estes nós ligados são adicionados à árvore e os restantes nós são ligados na lista de candidatos.

- O nó da lista de candidatos é comparado com o nó da árvore; se o nó for o mais próximo do nó da árvore, é adicionado à estrutura da árvore; esta operação é efectuada continuamente.

Com base nas duas etapas anteriores, o caminho mais curto é identificado percorrendo a rota continuamente. A informação de encaminhamento é actualizada na tabela de encaminhamento da seguinte forma..,

### 3.2.5Atualização da tabela de roteamento

O caminho mais curto estimado entre o nó de origem e o nó de destino é introduzido na tabela de encaminhamento, que é utilizada para identificar o nó de raiz no caminho de transmissão da informação.

Aplicando os passos acima referidos, a rota é descoberta da origem ao destino com a ajuda da tabela de encaminhamento. O problema da tempestade de difusão continua a existir se a rota não conseguir difundir os pacotes nas redes Adhoc móveis. O problema da tempestade de difusão cria problemas de colisão e contenção nas redes. Este trabalho de investigação utiliza o protocolo de encaminhamento do estado da ligação com uma abordagem probabilística para descobrir e manter a rota óptima nas redes Adhoc móveis.

## 3.3A DESCOBERTA DE ROTAS COM BASE NO ESTADO DA LIGAÇÃO PARA UMA ABORDAGEM DE DIFUSÃO PROBABILÍSTICA

Na MANET, cada nó forma o grafo G=(V, E) onde V representa o conjunto de nós na rede e E denota as arestas ou ligações entre os nós. Cada nó da rede tem uma ligação de entrada e uma ligação de saída, que é um dos gráficos baseados na abstração bidirecional. A partir do grafo, a rota foi descoberta através do envio do pedido RREQ aos vizinhos mais próximos. O pedido é continuamente reencaminhado para os vizinhos mais próximos até chegar ao nó de destino. Por vezes, o nó tem dificuldade em identificar o caminho ótimo na rede devido a mensagens RREQ desnecessárias, o que conduz a falhas de rota, colisões e contenção na rede. Esta secção trata da descoberta de rotas baseada no estado da ligação para uma abordagem probabilística destinada a ultrapassar o problema da tempestade de difusão nas redes Adhoc móveis. O método proposto mantém cada nó da rede com a ajuda da informação sobre o estado da ligação de um salto, que é utilizada para retransmitir a mensagem e ultrapassar os problemas da tempestade de difusão.

### 3.3.1 Abordagem de descoberta de rotas baseada no estado da ligação

A abordagem de encaminhamento baseada no estado da ligação para descobrir a rota óptima nas redes móveis e a cadeia de difusão é minimizada através da aplicação da abordagem probabilística de forma eficaz. Depois de efetuar a transmissão inicial na rede, a informação do estado da ligação mantém a informação do estado da ligação de um salto para retransmitir a mensagem. A informação sobre o estado da ligação é gerada para cada ligação no gráfico construído, calculando o valor do atraso. Quando o nó de origem inicia a difusão enviando a mensagem RREQ, o atraso é calculado com base na diferença de tempo entre a mensagem RRP recebida e a mensagem RREQ reencaminhada. O atraso é calculado da seguinte forma

$$Delay\ Time(DT) = T_{RREP} - T_{RREQ} \tag{3.1}$$

O tempo de atraso da ligação é fixado como constante e a utilização da ligação é estimada a partir da mensagem de difusão. A utilização da ligação é estimada pelo número de vezes que a ligação é repetida para novas mensagens de difusão, que é a diferença entre o número de pedidos e de respostas no intervalo de tempo unitário t. A utilização calculada da ligação ajuda a gerir a estabilidade da ligação na rede, que é definida da seguinte forma

$$Link\ Usage = \sum_{i=}^{t} l_i \tag{3.2}$$

Depois de encontrar a utilização da ligação, calcula-se a capacidade de tolerância da ligação (LC) para evitar a falha da ligação durante a transmissão de dados, a fim de verificar o número de retransmissões. X é considerado o número total de pacotes transmitidos do nó $n_i$ para o nó $n_y$ · através do link $L_i$ |. Y é o número do pacote recebido pelo nó $n_y$ · do nó $n_i$ . Então a queda de pacotes pode ser estimada da seguinte forma

$$Packet\ Drop = X - Y \tag{3.3}$$

Utilizando a equação (4.3), a capacidade de tolerância da ligação é calculada do seguinte modo

$$LC = \sum_{i=1}^{t} X - Packet\ Drop \tag{3.4}$$

Onde t é o período de tempo para a transmissão total de pacotes de ligação na rede

O índice de probabilidade de encaminhamento é identificado eliminando o desperdício de recursos nas redes. O valor de probabilidade calculado é utilizado para selecionar os vizinhos para iniciar um pedido de rota. A eficiência do processo de descoberta de rotas é melhorada através do cálculo do valor da probabilidade do índice de encaminhamento $\mu_k (l_i)$, que é definido do seguinte modo

$$\mu_k(l_i) = \frac{LC * LU}{DT * 1000} \tag{3.5}$$

Para cada tentativa, cada nó é atualizado para cada ligação de saída. O processo de atualização é feito da seguinte forma,

Na Equação (3.6), $a$ é a constante cujo valor se situa entre $0 < a < 1$.

$$\mu_k \leftarrow \mu_k * \alpha + (1 - \alpha)\mu_{k-1} \tag{3.6}$$

No início, cada índice de encaminhamento de cada valor de ligação de saída é considerado 1. Depois disso, para cada tentativa, o valor do índice de encaminhamento é calculado utilizando a Equação (3.5). Um nível de limiar é dado como 0,55.

A partir do tempo de atraso calculado, da queda de pacotes, da utilização da ligação, da capacidade de tolerância da ligação e do valor do índice de encaminhamento, a rota optimizada é descoberta de forma eficiente, o que é explicado da seguinte forma.

**Descoberta de rotas**

A descoberta de rotas no estado da ligação e a abordagem probabilística propostas são aplicadas à seguinte topologia para obter a rota óptima na MANET. A topologia é apresentada na Figura 3.1.

**Figura 3.1** *Exemplo de descoberta de caminho utilizando a abordagem proposta*

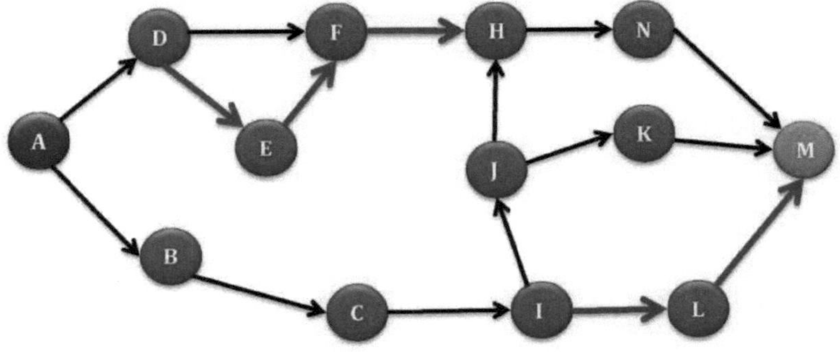


Nós de encaminhamento: B, C, D, F, I, J, K, N

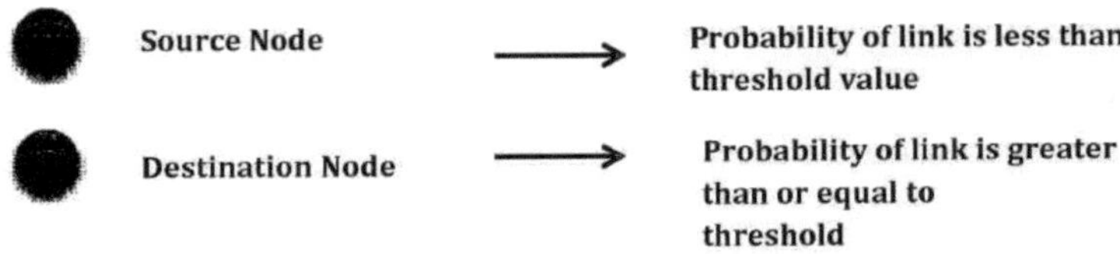


A informação de transmissão do estado da ligação e a probabilidade da ligação são obtidas a partir da transmissão inicial de dados, utilizando a equação 3.3. Inicialmente, o nó de origem A efectua a difusão enviando a mensagem RREQ para os vizinhos da rede. O nó D não reencaminha o RREQ para o nó E devido ao facto de a probabilidade da ligação ser inferior ao valor limite. Da mesma forma, a ligação entre F e H, I e L não participa no processo de descoberta de rota. Assim, os nós de encaminhamento são B, C, D, F, I, J, K, N. Quando chega ao destino, o pacote RREP é encaminhado através do caminho mais curto encontrado através da abordagem proposta. O caminho mais curto determinado pela abordagem proposta é A-B-C-I-J-K-M. O número de transmissões é minimizado na segunda vez e o algoritmo para a abordagem proposta é discutido a seguir.

*Step 1: Initial Data Transmission*

*Step 2: Collect the link state information of its one hop neighbors route discovery phase in the network*

*Step 3: Check a source node initiates for the route discovery.*

*Step 4: Then*

*Check the link state of its one hop neighbors*

*Step 5: Then*

*Check* $if(\mu_k(l_i) \geq threshold\ value$

*Step 6: Then*

*Connect to the previous node via* $link_i$ *by broadcasting RREQ*

*Step 7: Else*

*Switched to the next possible link*

*Step 8: End Condition*

*Step 9: End Condition*

*Step 10: Check if Destination Reached*

*Step 11: Then*

*Step 12: RREP Packet is sent to the shortest path from the D.*

*Step 13: Else*

*Step 14: Repeat step 4 to step 10.*

*Step 15:End Condition*

*Step 16: End Condition*

*End.*

**Figura 3.2** *Pseudocódigo da abordagem proposta para a descoberta de rotas*

Utilizando o pseudo-código, o caminho mais curto é descoberto a partir do grafo construído no ambiente da rede Adhoc móvel. O percurso descoberto é mantido continuamente utilizando o pseudocódigo que é explicado a seguir.

**Manutenção de itinerários**

A manutenção da rota é o processo de verificar se a rota descoberta é estável ou não, num determinado intervalo de tempo. Quando a ligação fornece o $P_{ACK}$, não é verificado o número de vezes que o $P_{ACK}$ é fornecido pela ligação. Se o número de confirmações da ligação for inferior ao valor limite, então a ligação pode remover o caminho de pedido correspondente e aceitar uma nova comunicação. À medida que o número de $P_{ACK}$ aumenta, a ligação será inundada, antes de ser apagada pelo processo de encaminhamento (quando $P_{ACK}$ > *limiar*). Quando ocorre uma falha na ligação, todas as comunicações têm de ser removidas do processo de encaminhamento e ocorre uma retransmissão. O algoritmo de manutenção de rotas proposto é mencionado a seguir.

*Step 1: Check if link provides* $P_{ACK}$

*Step 2: Then*

$$Check\ (if\ number(P_{ACK}) < Threshold\ value)$$

*Step 3: Then*

*Remove the link and accept the new communication*

*Step 4: Else*

*Remove the link completely from the routing process for next sequential process.*

*Step 5: End Condition*

*Step 6: End Condition*

*Step 7: Check if a link failure occurs*

*Step 8: Then*

*Step 9: Erase the communication and rebroadcast occurs*

*Step 10: End Condition*

*Step 11: End*

**Figura 3.3** *Pseudocódigo da abordagem proposta para a manutenção do itinerário*

O itinerário mais curto foi descoberto a partir do nó de origem até ao destino, estimando o valor da probabilidade da informação sobre o estado da ligação. Com base no valor da probabilidade, foi selecionada a rota óptima e a rota restante é eliminada da rede. Em seguida, a rota do nó selecionado é analisada quanto à sua estabilidade, comparando o número de confirmações com o valor limite. Finalmente, temos de remover a rota com falhas da tabela de encaminhamento e identificar a rota optimizada nas redes Adhoc móveis. O sistema proposto elimina a rota de falha, o que minimiza a utilização da largura de banda e evita os problemas de tempestade de difusão, como colisões e problemas de contenção. O desempenho do sistema proposto é avaliado utilizando as seguintes métricas de desempenho.

## 3.4 MÉTRICAS DE DESEMPENHO

A informação difundida nas redes Adhoc com a ajuda da abordagem probabilística baseada no estado da ligação para ultrapassar o problema da tempestade de difusão na rede. O sistema proposto identifica a informação sobre o estado da ligação calculando o valor do limiar de probabilidade que elimina a falha de rota na rede. O desempenho do sistema proposto é analisado utilizando as seguintes métricas.

**Taxa de sucesso**

A taxa de sucesso é o rácio entre os pacotes recebidos em cada nó e o número total de pacotes difundidos na rede

**Rácio de encaminhamento de difusão**

O rácio de reencaminhamento de difusão é o rácio de pacotes de difusão retransmitidos pelos nós da rede para uma operação de difusão.

**Contagens de retransmissão**

Uma contagem de retransmissão é o número de vezes que a retransmissão ocorre na rede devido ao facto de o pacote de dados não chegar com êxito ao destino.

**Mobilidade**

A mobilidade do nó tem um impacto negativo no desempenho durante a operação de difusão. Uma vez que o nó se move rapidamente, há uma maior probabilidade de perder o pacote de difusão.

### 3.4. 1Resultados da simulação

A eficácia da abordagem probabilística baseada em informações sobre o estado da ligação proposta é avaliada utilizando diferentes resultados de simulação que são comparados com a difusão eficiente baseada na codificação de rede e nas antenas direccionais (EBCD) e a difusão com cobertura dupla (DCB). Aquando do processo de implementação, o sistema proposto utiliza os seguintes parâmetros de simulação, que são apresentados na Tabela 3.1.

**Tabela 3.1** *Lista de parâmetros de simulação e respectivos valores*

| Simulation Parameter | Parameter Value |
|---|---|
| Simulator | NS2 (v.2.29) |
| Topology Size | 500*500 |
| Number of nodes | 30,40,50,60,70 |
| Transmission Range | 250 m |
| Traffic Type | CBR |
| Packet Size | 512 bytes |
| Pause Time | 0s |
| Min Speed | 1 m/s |
| Max Speed | 5 m/s |
| MAC protocol | IEEE 802.11 |
| Routing Protocol | AODV |
| Simulation time | 100s |

Com base na configuração da simulação, o sistema proposto é implementado de forma eficiente e o desempenho do protocolo é analisado em termos de taxa de sucesso de encaminhamento, rácio de difusão, contagens de retransmissão e número de nós de encaminhamento.

## 3.4. 2Análise do desempenho

O sistema proposto transmite a informação com elevada taxa de sucesso, excluindo a ligação que é mostrada na Tabela 3.2. Em seguida, a taxa de sucesso da difusão de informação é comparada com a dimensão da rede.

**Tabela 3.2** *Taxa de sucesso da difusão*

| Number of Nodes | Broadcast Success Ratio (%) | | |
|---|---|---|---|
| | DCB | EBCD | LSB |
| 30 | 63.2 | 79.1 | 86.2 |
| 40 | 68 | 81.2 | 89.4 |
| 50 | 70 | 84 | 90 |
| 60 | 71.6 | 86 | 91.6 |
| 70 | 74 | 87.5 | 93.5 |

**Figura 3.4** *Taxa de sucesso da difusão*

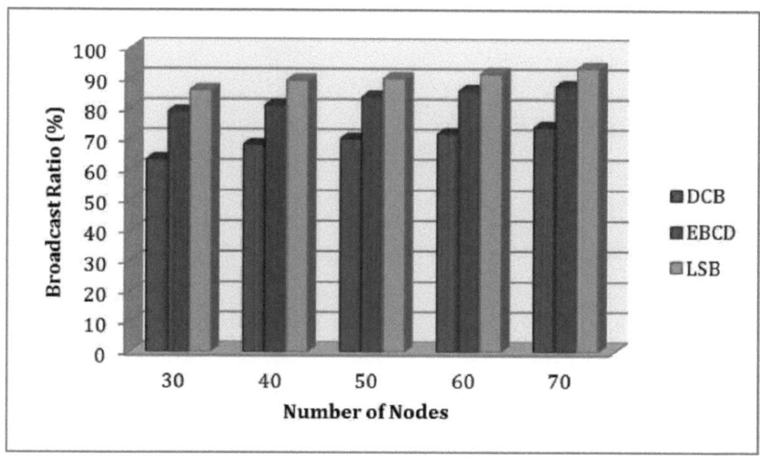


A Figura 3.4 mostra que o sistema proposto atinge o rácio de difusão máximo quando comparado com os métodos existentes, como o Efficient Broadcast based on Network Coding and Directional Antennas (EBCD) Yang et al. (2010) e o Double Covered Broadcast (DCB) weilouet al. (2004). O LSB proposto atinge um rácio de difusão de 86,2% para 30 nós, enquanto o EBCD e o DCB atingem 79,1% e 63,2%, respetivamente. Além disso, o desempenho do sistema é ainda avaliado utilizando o nó de reencaminhamento de difusão que é apresentado na Tabela 3.3.

**Tabela 3.3** *Transmissão para a frente*

| Number of Nodes | Number of Broadcast Forward | | |
|---|---|---|---|
| | DCB | EBCD | LSB |
| 30 | 13 | 24 | 27 |
| 40 | 20 | 28 | 34 |
| 50 | 29 | 31 | 42 |
| 60 | 43 | 46 | 49 |
| 70 | 56 | 57 | 60 |

Com base na Tabela 3.3 acima, o número de nós de encaminhamento e o tamanho da rede correspondente são apresentados na Figura 3.5.

**Figura 3.5** *Transmissão para a frente*

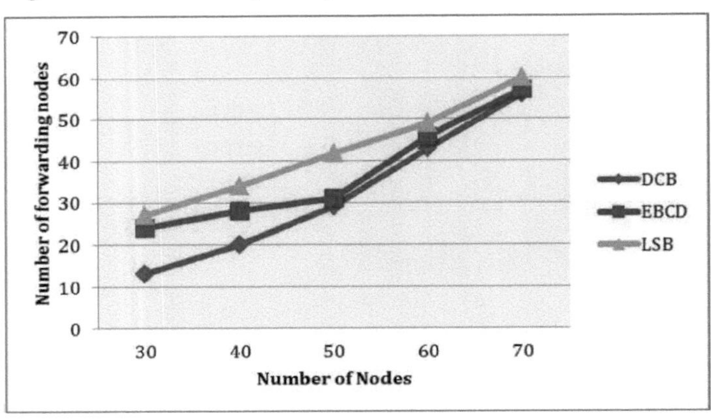


A partir da Figura 3.5, o sistema proposto tem nós de encaminhamento estáveis para redes de vários tamanhos. O DCB selecciona os nós de encaminhamento, que são cobertos por vizinhos de 2 saltos do remetente e que cobrem pelo menos dois vizinhos de 1 salto de encaminhamento. Por conseguinte, é instável para as redes mais pequenas. O EBCD selecciona os nós de encaminhamento localmente, utilizando uma antena direcional, e é instável com o aumento do tamanho da rede. O conjunto de encaminhamento selecionado pelo LSB proposto, utilizando a informação sobre o estado da ligação, será estável até não haver quebra de ligação ou desvanecimento da ligação na rede. O nó de origem aguarda algum tempo para ouvir a retransmissão dos seus nós de encaminhamento. Se não conseguir identificar todos os seus nós de encaminhamento durante este período, assume que a transmissão falhou devido ao facto de os nós de encaminhamento em falta estarem fora do seu alcance de comunicação. Em seguida, o remetente retransmite os pacotes na rede até que todo o conjunto de reencaminhamento tenha sido retransmitido com êxito. A abordagem proposta considera a ligação estável no processo de descoberta de rotas, pelo que a retransmissão será menor quando comparada com as abordagens existentes, como mostra a Figura 3.6.

**Figura** *3.6 Retransmissão*

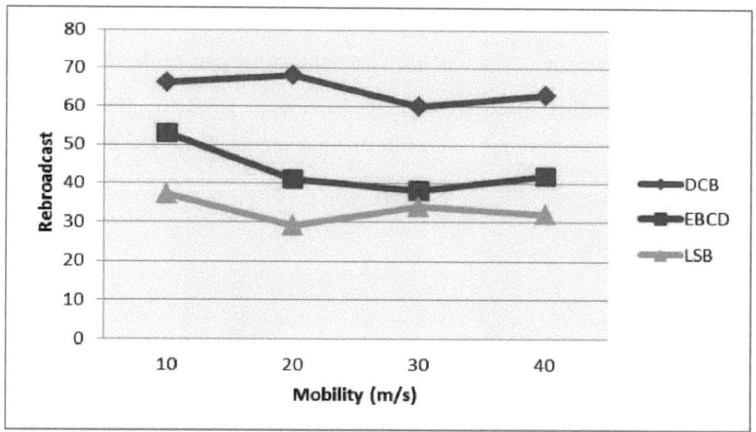


A Figura 4.6 mostra a contagem de retransmissões em função da mobilidade, em que a abordagem proposta atinge o mínimo de retransmissões quando comparada com as abordagens existentes. A contagem de retransmissões do LSB é de 37 para a mobilidade de 10 m/s, enquanto o EBCD e o DCB registaram 53 e 66 retransmissões. Além disso, o desempenho do protocolo proposto é analisado em termos da taxa de sucesso de encaminhamento, que é apresentada na Tabela 3.4.

**Tabela 3.4** *Taxa de sucesso de encaminhamento*

| Number of Nodes | Forwarding Success Ratio (%) | | |
|---|---|---|---|
| | DCB | EBCD | LSB |
| 30 | 76 | 81.2 | 91.6 |
| 40 | 71.6 | 78 | 89.4 |
| 50 | 68 | 71.6 | 80 |
| 60 | 61.6 | 68 | 79 |
| 70 | 60 | 63 | 71.6 |

Os nós de encaminhamento encaminham corretamente o pacote de difusão. Os pacotes de difusão foram encaminhados com sucesso na abordagem proposta, considerando a capacidade da ligação na informação sobre o estado da ligação, que é mostrada na Figura 3.7.

**Figura 3.7** *Taxa de sucesso*

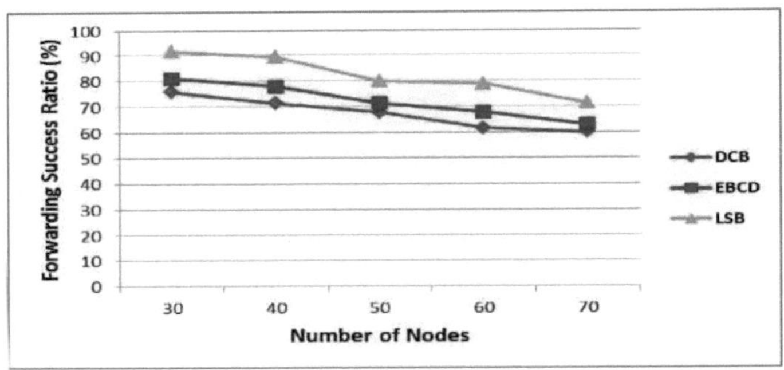


A Figura 3.7 mostra a taxa de sucesso em função da mobilidade, em que o LSB proposto atinge uma taxa de sucesso máxima quando comparado com as abordagens existentes. O LSB atinge uma taxa de sucesso de 91,8 % com uma mobilidade de 10 m/s, enquanto o EBCD e o LSB registaram uma taxa de sucesso de 81,7 % e 76 %.

A partir dos resultados de simulação acima referidos e da discussão da informação sobre o estado da ligação proposta e da abordagem probabilística, o pacote é entregue com uma elevada taxa de sucesso e minimiza a retransmissão e a falha do nó, descobrindo a rota optimizada enquanto transmite a informação nas redes Adhoc móveis.

**RESUMO**

Este capítulo descreve a abordagem de limiar probabilístico baseada no estado da ligação para encaminhar a informação nas redes móveis utilizando a mensagem RREQ. Foram calculados o valor da probabilidade e o intervalo entre as mensagens. A partir do valor calculado, a rota óptima e a estabilidade da rota também são identificadas utilizando o valor da probabilidade de indexação encaminhada. Finalmente, o desempenho do sistema é avaliado utilizando as ferramentas de simulação NS2 em termos de taxa de sucesso, taxa de sucesso de reencaminhamento, número de nós de reencaminhamento e retransmissão de nós. O sistema proposto atinge 86,2% de resultados optimizados quando comparado com os métodos existentes, como a difusão eficiente baseada na codificação de rede e nas antenas direccionais (EBCD) e a difusão com cobertura dupla (DCB).

# Capítulo 4

# UM ESQUEMA DE DIFUSÃO ADAPTATIVO BASEADO EM CLUSTERS NA MANET

## 4. 1INTRODUÇÃO

Nas MANET, os problemas de tempestade de difusão são abordados através da utilização de diferentes protocolos. Nos capítulos anteriores, utilizámos o esquema de difusão de limiar baseado no contador adaptativo e o esquema de difusão do estado da ligação para ultrapassar os problemas de colisão e contenção. Além disso, os problemas de broadcast stor0m são resolvidos de forma eficiente através da aplicação da abordagem baseada em clusters. Neste capítulo, o esquema de difusão adaptativo baseado em clusters para reduzir as despesas gerais na rede MANET também ultrapassa os problemas de tempestade de difusão. O método proposto forma os clusters utilizando a propriedade de cobertura dos nós vizinhos. A partir dos clusters, a informação é transmitida de forma eficiente sem criar problemas de tempestade de difusão.

## 4. 2ABORDAGEM DE AGRUPAMENTO

Esta secção aborda a abordagem de agrupamento na rede Adhoc móvel. Esta abordagem é utilizada para formar os clusters através da utilização do nó presente na comunidade da rede. Na MANET, cada nó do subdomínio é eleito como chefe do agrupamento (CH), o nó que pertence ao inter-agrupamento é designado por gateway e os restantes nós são designados por nós normais. No cluster, os nós não comuns desempenham um papel importante no encaminhamento, como mostra a Figura 4.1. A MANET tem vários clusters sobrepostos nos quais os nós comunicam através dos Cluster Heads (CH). A rede representa um grafo não direcionado G (V, E), em que v indica que o conjunto de vértices E representa a ligação entre os nós. Cada ligação na rede é utilizada para efetuar a comunicação entre o nó e o MH tem a informação sobre a identidade do chefe de agrupamento. Com base na informação de identidade, a informação de controlo é transmitida ao nó vizinho através da mensagem "Hello".

**Figura 4.1** *Chefes de agrupamento, nós comuns e gateway no agrupamento*

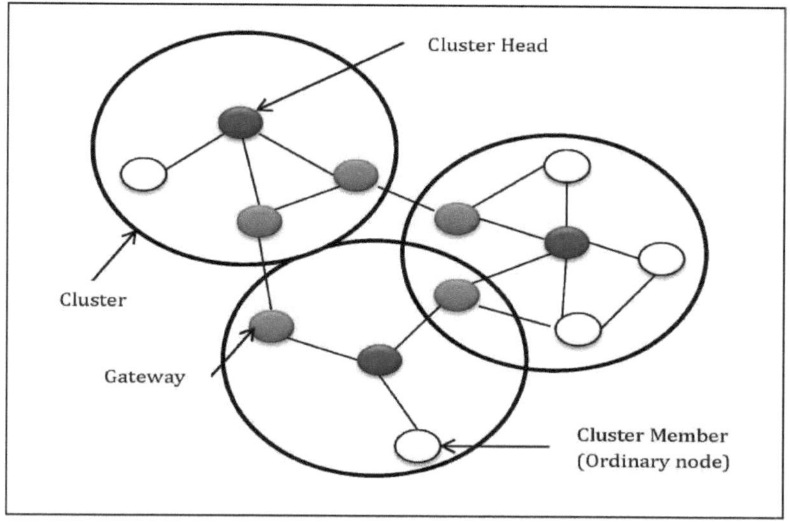


A competência do chefe de agrupamento (CHC) é identificada através da competência do MH para o papel de CH. A partir do chefe de agrupamento, identifica-se o remetente da mensagem hello e o ID do agrupamento. Por fim, a mensagem de opção é utilizada para efeitos de gestão do tamanho do agrupamento e do período de difusão na MANET. O CHC é calculado da seguinte forma,

$$CHC = (C_1 * d + C_2 * b) - p \tag{4.1}$$

Na Equação (4.1), $C_1$ ,$C_2$ representam os coeficientes ponderados do grau de MH e da disponibilidade da bateria

*d Representado como o número de vizinhos.*

*b É o tempo de vida restante da bateria*

*p É o coeficiente de penalização da transferência*

Com base nos clusters formados, os nós estão a transmitir a informação através da cabeça do cluster (CH) de uma forma eficiente. Assim, o sistema proposto utiliza o esquema de difusão de informação baseado em clusters para reduzir as despesas gerais na MANET.

## 4.3 ESQUEMA DE DIFUSÃO ADAPTATIVA BASEADO EM CLUSTERS PROPOSTO

Esta secção aborda o esquema de difusão adaptativa baseado em clusters para identificar a rota optimizada enquanto se transmite a informação nas redes Adhoc móveis. O método funciona em duas fases diferentes, nomeadamente, a formação de clusters e a manutenção da estabilidade da ligação para minimizar a mensagem redundante. Durante a formação do cluster, o grupo de nós móveis é formado utilizando o cluster baseado na cobertura do nó vizinho (NNC). Inicialmente, o nó recebe os pacotes RREQ do nó anterior e a lista de vizinhos é estimada a partir da mensagem RREQ. Se o nó tiver mais vizinhos que tenham sido descobertos pelo pacote RREQ, o nó retransmite o pacote novamente. O nó descoberto é calculado da seguinte forma

$$U(n_i) = N(n_i) - [N(n_i)°N(s)] - \{s\} \quad (4.2)$$

Na Equação (6.2), *N(s)* e $N(n_i)$ são os conjuntos de vizinhos do nó s.

A partir do atraso do nó descoberto, o atraso da retransmissão é calculado a partir da lista de vizinhos, tal como definido como

$$T_p(n_i) = 1 - \frac{|N(s)°N(n)|}{|N(s)|} \quad (4.3)$$

$$T_d(n_i) = MaxDelay * T_p(n_i) \quad (4.4)$$

Onde, $T_p(n_i)$ é o rácio de atraso do nó $n_i$ e o atraso máximo é o atraso constante.

O atraso estimado é utilizado para identificar a ordem de transmissão da informação e também elimina as retransmissões desnecessárias na rede. Se o nó receber um pacote duplicado, o pacote RREQ é eliminado através do ajuste dos nós vizinhos não cobertos, que é definido da seguinte forma

$$U(n_i) = U(n_i) - [U(n_i)°N(n_i)] \quad (4.5)$$

Onde, *U*($n_i$) *representado como os nós vizinhos não cobertos*

*N*($n_i$) *denotado como o número de nós presentes na rede*

Depois de ajustar o pacote duplicado na rede, a cobertura adicional do nó retransmissor é estimada através do cálculo do rácio de cobertura do nó vizinho.

$$R_a(n_i) = \frac{|U(n_i)|}{|N(n_i)|} \qquad (4.6)$$

A partir da equação (6.6), a interconectividade de um cluster é comparada com a conetividade interna entre o cluster e o nó móvel é estimada. O intervalo do NNC é de 0 a 1, em que o valor 0 representa que o vértice está agrupado por si próprio e o valor 1 representa que o agrupamento está totalmente ligado sem ligações fora do agrupamento. O agrupamento atual acrescenta todos os nós móveis vizinhos, o que resultará num ganho positivo de NNC para os nós que já estão no agrupamento. A formação do cluster é mostrada na Figura 4.2.

**Figura 4.2** *Fluxograma do esquema de agrupamento proposto*

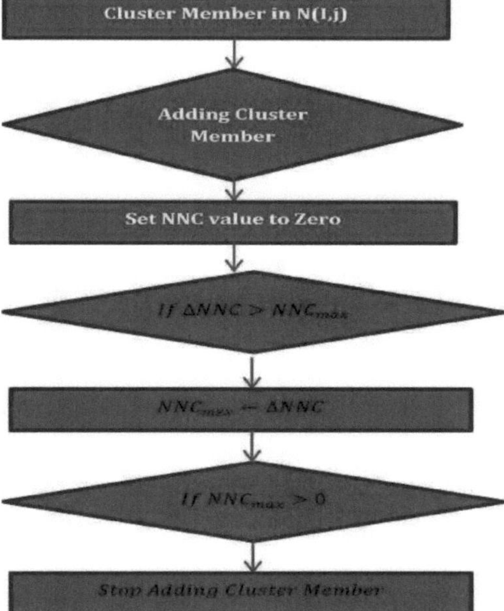

Após a formação do agrupamento, a estabilidade da ligação é mantida através da aplicação da propriedade de Markov.

$$A_{ij}(t) = \begin{cases} 0 & i \leftrightarrow j \; not \; connected \\ 1 & i \leftrightarrow j \; connected \end{cases} \tag{4.7}$$

Na Equação (4.7), *Ai j(t)* é a propriedade de Markov. A conetividade do nó é principalmente afetada pelas características de rádio do nó fixo e do nó móvel. A probabilidade de receção incorrecta de um pacote é geralmente indicada pela probabilidade de erro, que é independente do facto de o pacote anterior ter sido recebido com êxito. A estabilidade da ligação é definida da seguinte forma,

$$Gr(k) = G\{s_{10} > k\} = e^{-u(tp)k} \tag{4.8}$$

Onde *tp* representa o tempo atual do nó.

*Gr(k~) representada como a estabilidade da ligação*

Com base no valor de estabilidade, a ligação em falha é recuperada aplicando a Equação (4.9).

$$G_r(k) = P\{s_{01} \leq k\} = 1 - e^{-u(tp)k} \tag{4.9}$$

Assim, o sistema proposto forma os clusters de forma eficiente e a estabilidade da ligação é mantida através da aplicação da propriedade de Markov. O algoritmo do sistema proposto é definido da seguinte forma.

| Step 1: Initialize the node RREQ packets and transmit the neighboring nodes. |
|---|
| Step 2: Calculate the uncovered node by using, |
| $U(n_i) = N(n_i) - [N(n_i)°N(s)] - \{s\}$ |
| Step 3: Then calculate the delay between the nodes, |
| $T_p(n_i) = 1 - \frac{\lvert N(s)°N(n) \rvert}{\lvert N(s) \rvert}$ |
| Step 4: From the delay the Neighboring Node coverage ratio is estimated |
| $U(n_i) = U(n_i) - [U(n_i)°N(n_i)]$ |

Step 5: Based on the NNC value the cluster member is added to the cluster

Step 6: check the Neighboring node coverage ratio using $If\ \Delta NNC > NNC_{max}$

Then add the node to the cluster member.

Step 7: If $NNC_{max} > 0$

Then stop adding the node to the cluster member.

Step 8: Estimate the link between the cluster using

$$A_{ij}(t) = \begin{cases} 0 & i \leftrightarrow j \ not\ connected \\ 1 & i \leftrightarrow j\ connected \end{cases}$$

Step 9: From the connected link the stability is measured as follows,

$$Gr(k) = G\{s_{10} > k\} = e^{-u(tp)k}$$

Step 10: Then recover the failure route as follows,

$$G_r(k) = P\{s_{01} \leq k\} = 1 - e^{-u(tp)k}$$

Stop the process

**Figura 4.3** *Pseudocódigo para o esquema de difusão adaptativa baseado em clusters*

Utilizando os algoritmos da Figura 4.3, o cluster é formado de forma eficiente e a estabilidade da ligação entre os nós é mantida com a ajuda do rácio de cobertura dos nós vizinhos e da propriedade de Markov. Após manter a estabilidade de uma ligação, é necessário minimizar a sobrecarga, o que é discutido de seguida.

## 1.3. 1Algoritmo proposto para redução de sobrecarga

Esta secção trata do procedimento para reduzir o processo de redução das despesas gerais. Inicialmente, o nó de origem envia a mensagem RREQ de pedido de rota a todos os nós dentro do raio de ação da rede. A mensagem RREQ solicitada é comparada com o pacote de duplicação com base no atraso do pacote. Se o pacote estiver correto, verifica se pode fornecer os dados solicitados; caso contrário, marca o seu próprio endereço e número de sequência no pacote de pedido e retransmite o pacote. Com base no número de sequência, a rota é descoberta para eliminar a expiração da ligação. A partir do tempo de vida do pacote, a difusão minimiza a sobrecarga de difusão e o tráfego de controlo de uma forma eficiente.

Assim, a redução do tráfego de controlo aumenta a taxa de transmissão na rede. O sistema proposto forma com êxito o agrupamento através da estimativa do rácio de cobertura dos nós vizinhos e a estabilidade da ligação entre os agrupamentos de nós é gerida através da aplicação da propriedade de Markov. Finalmente, as despesas gerais dos nós são reduzidas através da eliminação dos pacotes duplicados. A partir da minimização do tempo de expiração da ligação, a retransmissão e as despesas gerais são completamente minimizadas. Assim, o sistema proposto reduz a falha de rota, a retransmissão e o problema da tempestade de difusão. O desempenho do sistema proposto é avaliado utilizando as seguintes métricas de desempenho.

## 4.4 MÉTRICAS DE DESEMPENHO

A eficácia do esquema de difusão adaptativa baseado em clusters proposto é analisada utilizando as seguintes métricas. O sistema reduz o número de despesas gerais, de pacotes duplicados e de problemas de difusão de forma eficiente. Assim, são utilizadas as seguintes métricas de desempenho para analisar a eficiência do sistema proposto.

### Rácio de entrega de pacotes

O rácio de entrega de pacotes (Packet Delivery Ratio - PDR) é uma métrica importante que é utilizada para estimar o rácio entre o número de pacotes enviados pelas fontes de taxa de bits constante e o número de pacotes recebidos no destino. O método proposto garante a entrega da mensagem da fonte ao destino de forma exacta, sem criar colisões de mensagens.

### Controlo de despesas gerais

A sobrecarga de controlo é a medida utilizada para analisar o número total de pacotes de encaminhamento normalizado pelo número total de pacotes de dados recebidos. A sobrecarga de controlo é utilizada para relacionar a estabilidade da conetividade do grafo na MANET.

### Atraso

O atraso é a medida utilizada para analisar o tempo médio que o pacote demora a chegar ao destino. Também ajuda a descobrir a rota optimizada e a fila de espera na transmissão do pacote de dados. Só são contabilizados os pacotes de dados que chegam com sucesso aos destinos. O atraso é outro parâmetro muito importante no caso da transferência de dados em tempo real. No caso do áudio e do vídeo, o atraso não é muito importante, uma vez que se trata de um tempo real suave, mas no caso de um tempo real difícil, em que um pequeno atraso conduz a uma situação perigosa, o atraso desempenha um papel importante. Assim, consoante os requisitos, os parâmetros de atraso são analisados.

### Encargos de encaminhamento

O número total de pacotes de pedido de itinerário transmitidos durante o tempo de simulação. Para pacotes enviados através de múltiplos saltos, cada transmissão através de um salto é contada como uma transmissão. A sobrecarga associada ao roteamento QoS é uma limitação importante à sua implantação. O processo de inundação utilizado para distribuir o estado da rede é um fator importante na sobrecarga do encaminhamento QoS. Os mecanismos utilizados para ultrapassar o custo do encaminhamento QoS, como os que limitam a frequência da emissão de actualizações, introduzem novos problemas, nomeadamente a imprecisão da informação de encaminhamento.

### Atraso de ponta a ponta

Este fator é também designado por latência e é o tempo necessário para entregar a mensagem. É a diferença de tempo média entre o momento em que o pacote de dados é enviado pelo nó de origem e o momento em que é recebido com êxito pelo último nó da rede. O atraso dos dados pode ser dividido em atraso de enfileiramento e atraso de propagação. Se o atraso de enfileiramento for ignorado, o atraso de propagação pode ser substituído pela contagem de saltos, devido à proporcionalidade.

## 4.4. 1Resultados da simulação

A eficiência do esquema de difusão adaptativa baseado em clusters proposto é analisada utilizando os diferentes parâmetros de simulação. O principal objetivo do estudo de investigação consiste em reduzir as despesas gerais de encaminhamento, o número de retransmissões de pacotes duplicados, os problemas de colisão e contenção durante a difusão de informações na rede. Os resultados do sistema proposto implementado são comparados com a abordagem Adhoc On-Demand Vetor (AODV), Neighbor Based Probabilistic Rebroadcast (NBPR) e Dynamic Route Discovery (DRR). Aquando do processo de implementação, o sistema proposto utiliza os seguintes parâmetros de simulação, que constam da Tabela 6.1.

**Tabela 4.1** *Lista de parâmetros de simulação e seus valores*

| Simulation Parameter | Parameter Value |
|---|---|
| Simulator | NS2 (v.2.34) |
| No of Nodes | 300 |
| Area Size | 900*900 |
| MAC | 802.11 |
| Radio Range | 250m |
| Simulation Time | 100 sec |
| Traffic Source | CBR |
| Packet Size | 128 bytes |
| Mobility Model | Random Way Point |
| Protocol | AODV |

A partir da configuração de simulação acima descrita, o sistema proposto implementa o sistema de difusão de informação sem problemas de tempestade de difusão. O desempenho do sistema proposto é analisado em termos de atraso, débito, despesas gerais de controlo e taxa de entrega.

## 4.5 ANÁLISE DO DESEMPENHO

Esta secção aborda a análise de desempenho do sistema propostc. O sistema é implementado utilizando o simulador NS2.3.4. Na simulação, partimos do princípio de que todos os nós se movem dinamicamente, incluindo a direção e a velocidade dos nós. O cenário de mobilidade é gerado utilizando um modelo de ponto de passagem aleatório com 300 nós numa área de 900 m × 900 m. Os resultados do sistema proposto implementado são comparados com o Neighbor based Probabilistic Rebroadcast (NBPR) e o Dynamic Route Discovery (DRR). O desempenho do sistema é analisado variando a dimensão da rede e os parâmetros de débito, taxa de entrega de pacotes, carga de controlo e atraso. É claramente demonstrado que a rede varia de 60 a 300 nós. É analisada com os quatro parâmetros e com os protocolos existentes e propostos em diferentes condições de mobilidade. O débito máximo teórico está intimamente relacionado com a capacidade do canal do sistema e com a quantidade máxima possível de dados que podem ser transmitidos em circunstâncias ideais.

### 4.4. 2Produção

O rendimento é a taxa de transferência da informação da fonte para o destino de uma forma bem sucedida. O desempenho do valor de taxa de transferência proposto é apresentado na Tabela 4.2, que é comparada com os métodos existentes, como o AODV, o NBPR e o protocolo de encaminhamento DRR.

**Tabela** *4.2 Rendimento*

| Number of Nodes | Throughput(ms) | | | |
|---|---|---|---|---|
| | AODV | NBPR | DRR | Proposed CBAB |
| 50 | 0.7 | 0.85 | 0.91 | 0.93 |
| 100 | 0.743 | 0.9 | 0.94 | 1.1 |
| 150 | 0.83 | 0.973 | 1.00 | 1.26 |
| 200 | 0.95 | 1.00 | 1.19 | 1.3 |
| 250 | 0.98 | 1.05 | 1.2 | 1.31 |
| 300 | 1.00 | 1.1 | 1.2 | 1.34 |

**Figura 6.4** *Rendimento*

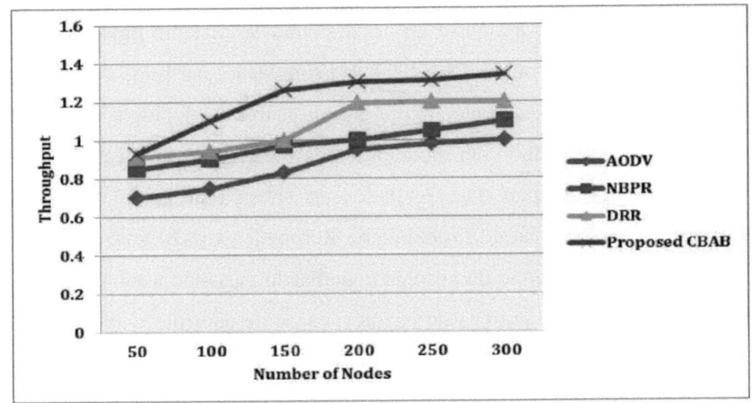


A Figura 4.4 acima mostra claramente que o esquema de difusão adaptativa baseado em clusters proposto atinge o maior valor de taxa de transferência em comparação com o método AODV, NBPR e DRR. A métrica de débito é analisada utilizando o tamanho da rede, que tem uma carga de controlo mínima para o processo de inicialização da rota, mas os outros protocolos exigem uma carga de controlo maior quando o tamanho da rede aumenta. A comparação da taxa de transferência mostra que as margens de desempenho dos três algoritmos são muito próximas sob a carga de tráfego de 50 e 100 nós no cenário MANET e têm grandes margens quando o número de nós aumenta para 300. Nesta comparação, o CBAB alcança 1,3ms dos 2ms disponíveis. Os restantes 0,7 ms são utilizados pela carga de controlo. O sistema proposto atinge um maior valor de débito e tem de consumir um atraso mínimo durante a transmissão da informação nas redes móveis. O valor do atraso do sistema proposto é apresentado na Tabela 4.2.

### 4.5.2 Atraso

**Tabela** *4.3 Atraso*

| Number of Nodes | Delay | | | |
|---|---|---|---|---|
| | AODV | NBPR | DRR | Proposed CBAB |
| 50 | 0.06 | 0.05 | 0.04 | 0.02 |
| 100 | 0.07 | 0.06 | 0.05 | 0.04 |
| 150 | 0.09 | 0.08 | 0.06 | 0.05 |
| 200 | 0.15 | 0.1 | 0.09 | 0.07 |
| 250 | 0.2 | 0.15 | 0.13 | 0.1 |
| 300 | 0.25 | 0.23 | 0.15 | 0.12 |

**Figura 4**.5 *Atraso*

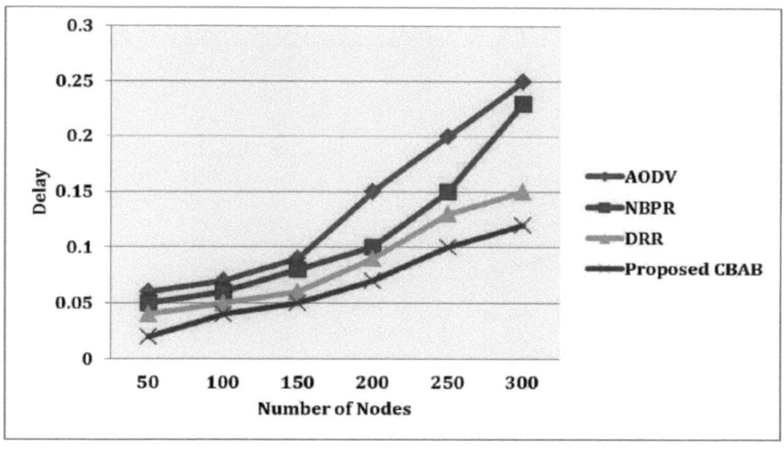


A figura 4.5 mostra claramente que o sistema proposto de difusão adaptativa baseada em clusters (CBAB) tem um atraso mínimo em relação aos diferentes métodos existentes, como os métodos AODV, NBPR e DRR. Em comparação com o sistema existente, a técnica proposta utiliza menos tempo para transmitir os pacotes de dados. O atraso do AODV é de 0,25 segundos, uma vez que suporta uma maior conetividade dos nós. No entanto, o CBAB proposto suporta uma maior conetividade com um atraso de 0,02 segundos para uma rede de 50 nós e um máximo de 0,12 segundos para 300 nós. Além disso, o desempenho do sistema é analisado utilizando a medida do atraso de extremo a extremo, que é apresentada na Tabela 4.4.

## 4.5. 3Rácio de entrega

**Quadro 4.4** *Rácio de entrega*

| Number of Nodes | Delivery Ratio | | | |
|---|---|---|---|---|
| | AODV | NBPR | DRR | Proposed CBAB |
| 50 | 0.58 | 0.6 | 0.65 | 0.8 |
| 100 | 0.55 | 0.58 | 0.63 | 0.75 |
| 150 | 0.5 | 0.55 | 0.6 | 0.7 |
| 200 | 0.48 | 0.49 | 0.55 | 0.55 |
| 250 | 0.43 | 0.45 | 0.45 | 0.5 |
| 300 | 0.4 | 0.4 | 0.4 | 0.46 |

**Figura 4.6** *Rácio de entrega*

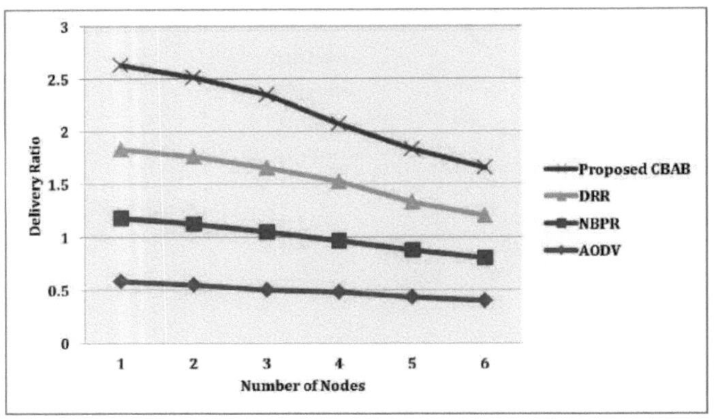


A Figura 4.6 mostra claramente que o esquema de difusão adaptativa baseado em clusters proposto atinge uma maior taxa de entrega quando comparado com os outros métodos existentes. Assim, o sistema proposto consome uma taxa de entrega de pacotes elevada para a dimensão da rede. O valor do rácio de entrega de pacotes para o CBAB é de 80% para 50 nós e de 46% para uma rede de 300 nós; para os outros protocolos, este valor situa-se entre 60 e 30%. A maioria destes protocolos mantém uma elevada taxa de entrega de pacotes, exceto o AODV tradicional, que apresenta uma grande diferença nos valores de PDR em comparação com os outros protocolos. Os melhores resultados de PDR para o CBAB são observados apenas no cenário de tempo de pausa 0 e, para valores mais elevados de tempo de pausa, a PDR é razoavelmente inferior à dos outros protocolos. As mensagens de controlo diminuem geralmente o desempenho da rede devido à interação.

## 4.5. 4Custos gerais de controlo e de encaminhamento

Além disso, o desempenho do sistema é analisado utilizando a sobrecarga de controlo, que é utilizada para medir a quantidade de mensagens de controlo durante a atualização da tabela de encaminhamento. O desempenho da sobrecarga de controlo do sistema proposto é apresentado na Tabela 4.5.

**Tabela 4.5** *Custos gerais de controlo*

| Number of Nodes | Control Overhead | | | |
|---|---|---|---|---|
| | AODV | NBPR | DRR | Proposed CBAB |
| 50 | 0.58 | 0.6 | 0.65 | 0.8 |
| 100 | 0.55 | 0.58 | 0.63 | 0.75 |
| 150 | 0.5 | 0.55 | 0.6 | 0.7 |
| 200 | 0.48 | 0.49 | 0.55 | 0.55 |
| 250 | 0.43 | 0.45 | 0.45 | 0.5 |
| 300 | 0.4 | 0.4 | 0.4 | 0.46 |

**Figura 4.7** *Número de despesas gerais de controlo*

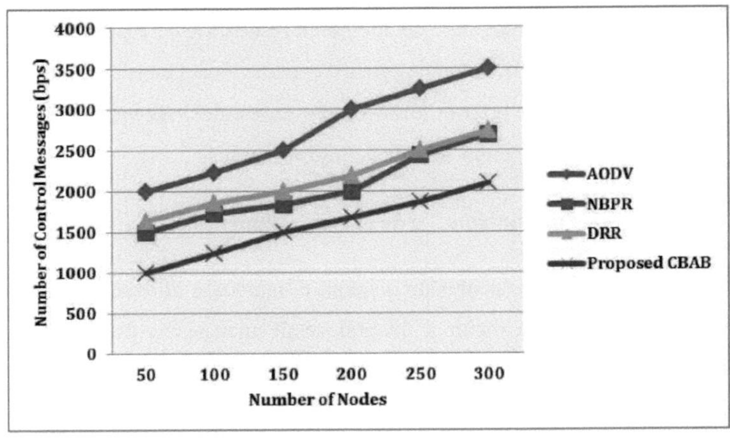


A Figura 4.7 acima mostra que a técnica CBAB proposta consome um número mínimo de mensagens de controlo durante a atualização da tabela de encaminhamento, quando comparada com os outros protocolos. O número mínimo de mensagens de controlo aumenta o desempenho de todas as redes Adhoc móveis. O número de desempenhos de sobrecarga de encaminhamento é apresentado na Figura 4.7

**Figura 4.8** *Custos gerais de encaminhamento*

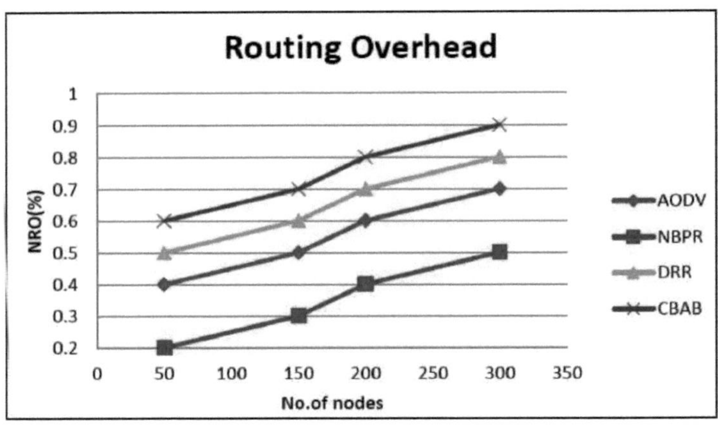


A Figura 4.8 mostra que o algoritmo de encaminhamento CBAB proposto tem uma sobrecarga de encaminhamento elevada em comparação com os protocolos NBPR e AODV.

As discussões acima e os resultados da simulação mostram claramente que o esquema de difusão adaptativa baseado em clusters proposto fornece o pacote com PDR elevado com um atraso mínimo. Além disso, o sistema proposto utiliza uma sobrecarga de controlo mínima, o que significa que utiliza um número reduzido de retransmissões e de falhas de nós durante o encaminhamento da informação no ambiente da rede Adhoc móvel.

## RESUMO

Este capítulo analisa a rota optimizada com o mínimo de sobrecarga de controlo, utilizando o esquema de difusão adaptativa baseado em clustering nas redes Adhoc móveis. Inicialmente, a mensagem RREQ é enviada para os nós vizinhos e o atraso da mensagem é estimado para reduzir os pacotes duplicados e redundantes na rede. A partir da mensagem RREQ, a cobertura dos nós vizinhos (NNC) é estimada com base no rácio de formação do agrupamento e os membros dos nós do agrupamento são adicionados a esse agrupamento específico. A ligação ou a rota entre os nós foi analisada utilizando o valor da propriedade de Markov. Finalmente, a estabilidade do nó é analisada utilizando o tempo de expiração da ligação, o que reduz o número de despesas gerais de controlo na rede. Em seguida, o desempenho do sistema proposto é comparado com o AODV, o NBPR e o DRR, o que mostra resultados 90% melhores em diferentes números de ligações.

# Capítulo 5

# ESQUEMA DE DIFUSÃO HÍBRIDO PROBABILÍSTICO BASEADO EM CONTADORES NA MANET

## 5. 1INTRODUÇÃO

A difusão de informação desempenha um papel vital nas redes móveis Adhoc. Os capítulos anteriores utilizaram diferentes esquemas de difusão para reduzir o problema de colisão e contenção nas redes móveis. Para aumentar a eficiência do processo de difusão de informação, este capítulo utiliza o novo esquema de difusão baseado em contador probabilístico híbrido optimizado. Esta abordagem combina todas as características dos esquemas de difusão anteriores para garantir uma rota optimizada durante a transmissão da informação na rede.

## 5.2 DIFUSÃO DE INFORMAÇÃO COM BASE NA COBERTURA

O esquema de difusão baseado no contador atribui a identificação de difusão a cada mensagem transmitida e o valor limite da mensagem específica é identificado. O valor de limiar calculado é comparado com a densidade do nó e o nó que tem o valor de densidade mais baixo é eliminado durante a transmissão da informação. Embora o esquema de contador elimine o pacote duplicado, consome muita largura de banda e energia. Para ultrapassar este problema, é utilizado o esquema de difusão baseado na cobertura para melhorar o processo de deteção de rotas optimizado. Nesta secção, discutimos o esquema de difusão de informação baseado na cobertura, no qual os nós vizinhos são seleccionados com base no rácio de cobertura específico. Inicialmente, o nó de origem é identificado porque contém informação sobre a estrutura da rede que é utilizada para transmitir os pacotes a todos os nós presentes nas redes móveis. Durante a transmissão do pacote, pode ocorrer um erro ao chegar ao nó de destino. O nó vizinho é estimado calculando a distância entre cada nó e o valor da distância que pertence a um determinado intervalo de cobertura é considerado como nó vizinho. O valor do atraso é estimado para reencaminhar os pacotes para os nós mais vizinhos. Quando o nó recebe os pacotes RREQ do nó anterior, a lista de vizinhos é estimada a partir da mensagem RREQ. Se o nó tiver mais vizinhos que tenham sido descobertos pelo pacote RREQ, o nó retransmite novamente o pacote. O nó descoberto foi calculado da seguinte forma

$$U(n_i) = N(n_i) - [N(n_i)°N(s)] - \{s\} \quad (5.1)$$

Na Equação (7.1), *N(s)* e W($n_i$ )representam os conjuntos de vizinhos do nó s.

*U($n_i$ )denotada como a cobertura de nódulos não cobertos*

A partir do atraso do nó descoberto, o atraso da retransmissão é calculado a partir da lista de vizinhos, tal como definido como

$$T_p(n_i) = 1 - \frac{|N(s)°N(n)|}{|N(s)|} \quad (5.2)$$

$$T_d(n_i) = MaxDelay * T_p(n_i) \quad (5.3)$$

em que, $T_p$ *($n_i$ )* é o rácio de atraso do nó $n_i$ e o atraso máximo é o atraso constante.

O atraso estimado é utilizado para identificar a ordem de transmissão da informação e também para eliminar a retransmissão desnecessária na rede. Se o nó receber um pacote duplicado, o pacote RREQ é eliminado ajustando os nós vizinhos não cobertos, que são definidos do seguinte modo

$$U(n_i) = U(n_i) - [U(n_i)°N(n_i)] \quad (5.4)$$

*N($n_i$ ) denotados como os conjuntos de vizinhos de nades.*

*U($n_i$ ) denotada como a cobertura de nódulos não cobertos*

A cobertura adicional do nó de retransmissão é estimada através do cálculo do rácio de cobertura do nó vizinho.

$$R_a(n_i) = \frac{|U(n_i)|}{|N(n_i)|} \quad (5.5)$$

*$R_a$ ($n_i$ )representadacomo a relação de cobertura*

N($n_i$ )representados como os conjuntos de vizinhos do nó s.

*$U(n_i)$denotado como a cobertura de nós não cobertos*

A partir da Equação (5.5), os nós vizinhos são estimados e os pacotes são transmitidos através da rota sem causar colisão e contenção na MANET. O sistema proposto utiliza o novo esquema de difusão baseado em contador probabilístico híbrido optimizado para ultrapassar o número de pacotes retransmitidos e redundantes, bem como os problemas de colisão e contenção, que são discutidos a seguir.

## 5.3PROPOSTA DE UM NOVO ESQUEMA DE DIFUSÃO HÍBRIDO OPTIMIZADO BASEADO EM CONTADORES PROBABILÍSTICOS

Esta secção trata do novo esquema proposto de difusão probabilística híbrida optimizada baseada em contadores para ultrapassar os problemas de contenção e colisão que ocorrem no esquema de difusão de informação baseada em contadores. A arquitetura do esquema de difusão probabilística híbrida baseada em contadores proposto é apresentada na figura 5.1. Inicialmente, o nó de origem é identificado e a mensagem RREQ é enviada para todos os nós vizinhos na estrutura da rede. O nó vizinho é determinado através do cálculo da distância entre cada nó. Os nós estimados são comparados com o raio de cobertura e são considerados nós vizinhos.

Depois de estimar os nós vizinhos, o valor do atraso é calculado quando o nó recebe os pacotes RREQ do nó anterior, a lista de vizinhos é estimada a partir da mensagem RREQ. Se o nó tiver mais vizinhos que tenham sido descobertos pelo pacote RREQ, então o nó retransmite o pacote novamente. O nó não coberto é calculado utilizando a equação (5.6) e o atraso de retransmissão é calculado a partir da lista de vizinhos, tal como definido como

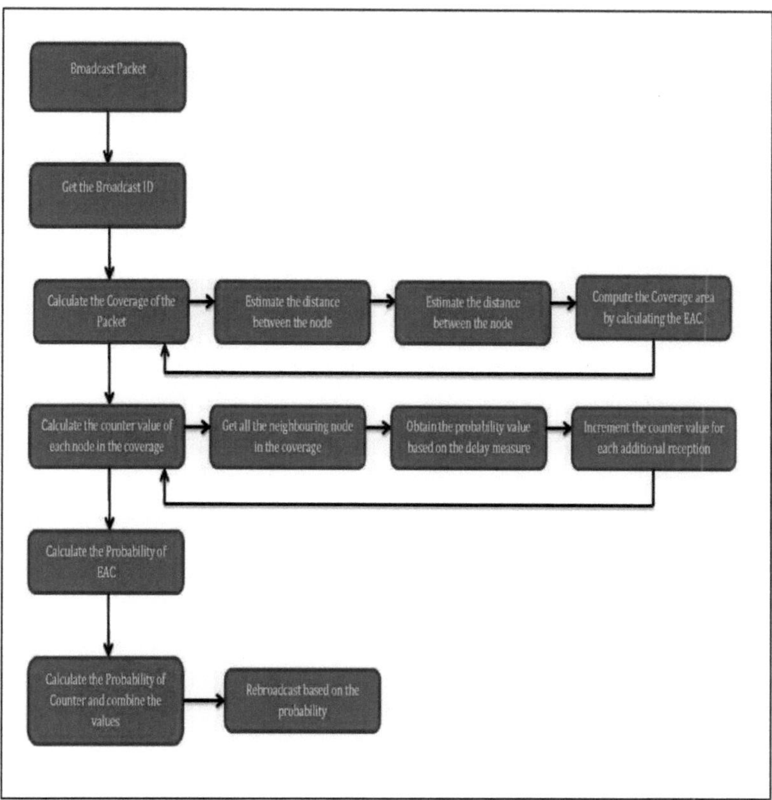


**Figura 5.1** *Arquitetura do método híbrido proposto* onde, $T_p\ (n_i\ )$ é o rácio de atraso do nó $n_i$ e o atraso máximo é o atraso constante.

$$T_p(n_i) = 1 - \frac{|N(s)^{\circ}N(n)|}{|N(s)|} \tag{5.6}$$

$$T_d(n_i) = MaxDelay * T_p(n_i) \tag{5.7}$$

O atraso estimado é utilizado para identificar a ordem de transmissão da informação e para eliminar a retransmissão desnecessária na rede. Se o nó receber um pacote duplicado, o pacote RREQ é eliminado através do ajuste dos nós vizinhos não cobertos, que é definido da seguinte forma

$$U(n_i) = U(n_i) - [U(n_i)°N(n_i)] \quad (5.8)$$

Depois de ajustar o pacote duplicado na rede, a área adicional coberta pelo nó retransmissor é estimada através do cálculo do rácio de cobertura do nó vizinho.

$$R_a(n_i) = \frac{|U(n_i)|}{|N(n_i)|} \quad (5.9)$$

Com base no rácio de cobertura, o valor da probabilidade é estimado utilizando o valor do contador baseado no limiar adaptativo. O método tem o valor de probabilidade predefinido "p", que tem a informação de densidade local fixa, e o valor do contador é utilizado para eliminar os pacotes duplicados durante a transmissão da informação. A determinação do valor da probabilidade foi discutida anteriormente no esquema proposto de limiar adaptativo baseado no contador efetivo. O algoritmo para o novo esquema de difusão baseado em contador probabilístico híbrido optimizado proposto é discutido da seguinte forma,

```
Pre: broadcast packet P @ X node
Post: Rebroadcast P @ FN according to algorithm
Step 1: Get broadcast ID
Step 2: Node X higher order degree
FN Selection
Step 3: HopCount: 1 hopneighbor → MultihopNeighbors
Execute Broadcast Message
Mh.Counter = 0
MAC − Broadcast (m)
handledMsgs ← SelectionMsgUm
FN.Selector {}
doFN.Selector {}
Message Handler delay
delay ← mh(max dealy)
Loop
Counter Based Scheme
Threshold ← (threshold fixed by delay factor)
Maxdelay ←delay (max fixed delay)
Degree ←ø(degree of FN selection)
Bcounter ←Cø(list of counter)
```

```
To execute CBS-Broadcast (m)
FN←handled Message
CBS-deliver (m) occurs as follows upon Mac-deliver (m) do
If FN(m) handled msgs then
BCounter[m]←Bcounter[m]+1
Else
FNhandeledmsgs←handledmsgs←handeledmsg Um
Bcounter[m]←1
CBS.deliver(m)
delay←FN[mh(delay)]
wait (delay)
IF Bcounter[m]<=threshold then
MAC-Broadcast(m)
FN:Rebroadcast(m)
Get the degree of the node X.
if n_j < min
        Set broadcast probability p=p1.
elseif min < n_j < max
Set broadcast probability p=p2.
elseif n_j > max
Set broadcast probability p=p3.
Stop
```

**Figura 5.2** *Pseudocódigo para o esquema de difusão híbrido probabilístico baseado em contadores*

Seguindo o pseudocódigo, o sistema eficiente de transmissão de pacotes é desenvolvido através da estimativa dos nós vizinhos numa determinada cobertura. A partir da cobertura, o atraso é reduzido através da definição do valor da probabilidade de difusão. Assim, o sistema proposto combina as propriedades do esquema de difusão baseado no contador e na cobertura, que são utilizadas para ultrapassar os problemas de colisão e contenção, eliminando os pacotes duplicados de uma forma eficiente quando comparado com os outros métodos. O desempenho do sistema proposto é implementado utilizando as seguintes métricas.

## 5.4 MÉTRICAS DE DESEMPENHO

As informações são transmitidas nas redes móveis utilizando o novo esquema de contador baseado em limiar probabilístico optimizado. O método proposto identifica e elimina com sucesso os pacotes redundantes durante a transferência dos pacotes nas redes Adhoc móveis. O desempenho do sistema proposto é analisado utilizando as seguintes métricas.

**Acessibilidade**

A acessibilidade é uma das métricas importantes que é utilizada para medir a proporção do nó que pode receber um pacote de difusão porque o nó pode não conseguir identificar os vizinhos enquanto difunde os pacotes na MANET.

**Retransmissão guardada (SRB)**

Este é denotado como (r - t)/r, onde r representa a quantidade de nós recebidos no momento da transmissão da mensagem e t denota o número de nós que transmitiram a mensagem. Se o pedido de pacote for atingido na primeira vez, o hospedeiro móvel retransmite todos os pedidos na rede, onde N representa o número total de nós móveis e N-1 possíveis são as retransmissões.

**Atraso de ponta a ponta**

O atraso extremo-a-extremo é a medida utilizada para estimar o tempo necessário para que o pacote seja recebido e enviado pelo nó de origem e de destino na rede.

**Encargos de encaminhamento**

O número total de pacotes de pedido de rota transmitidos durante o período de tempo da simulação. Para pacotes enviados através de um par de saltos, cada transmissão através de um salto é contada como uma transmissão.

## 5.4. 1Resultados da simulação

A eficiência do sistema proposto, o novo esquema de difusão baseado no limiar adaptativo optimizado e na cobertura, é avaliada utilizando diferentes resultados de simulação, em comparação com o esquema baseado na área e no contador. Durante o processo de implementação, o sistema proposto utiliza o seguinte parâmetro de simulação, que está listado na Tabela 5.1.

**Tabela 5.1** *Lista de parâmetros de simulação e respectivos valores*

| **Simulation Parameter** | **Parameter Value** |
|---|---|
| Simulator | NS2 (v.2.29) |
| Transmission Range | 100 meters |
| Bandwidth | 2 Mbps |
| Interface Queue Length | 45 |
| Packet size | 512 bytes |
| Traffic type | CBR |
| Packet rate | 10 packets/sec |
| Topology size | 600 * 600m2 |
| Number of nodes | 20,30,...45 |
| Number of trials | 30 |
| Simulation Time | 900 sec |
| Maximum Speed | 20 m/s |
| Counter Threshold ( C ) | 4 |
| RAD Tmax | 0.01 seconds |

O desempenho do sistema proposto é analisado em termos de atraso, carga de encaminhamento da rede e rácio de entrega de pacotes.

## 5.5 ANÁLISE DO DESEMPENHO

A partir dos resultados da simulação, o desempenho é avaliado utilizando as métricas Efeitos da carga de tráfego oferecida, Carga de encaminhamento normalizada (NRL), Atraso médio de fim de linha e Rácio de entrega de pacotes (PDR).

### 5.5.1Efeitos da simulação da carga de tráfego oferecida

A simulação da carga de visitantes do sítio fornecida é analisada através da alteração da quantidade de ligações de taxa de bits constante (CBR). Esta ligação CBR garante que todos os nós de uma transmissão são mantidos de ponta a ponta. O serviço é utilizado para a transmissão de voz e vídeo que requer pouca ou nenhuma perda de nós e controlos temporais mínimos durante a transmissão. Os números de ligações CBR utilizados nas experiências são 10, 20, 30 e quarenta e cinco para o número de nós. A percentagem máxima de 20 m/s é escolhida para adquirir competências sobre os efeitos da carga dos visitantes na rede com um ritmo imoderado. Quando o ritmo é excessivo, a carga dos visitantes do sítio concentra-se em alguns nós, pelo que ocorre o congestionamento,

Número de nós : 45

Velocidade máxima : 20 m/s

Taxa de pacotes : 4 pacotes/segundo

### 5.4. 2Carga de encaminhamento normalizada

O desempenho do sistema proposto é analisado usando a carga de roteamento normalizada, que é comparada com o tamanho da rede mostrado na Tabela 5.2.

**Tabela 5.2** *Carga de encaminhamento normalizada*

| Number of Nodes | Normalized Routing Load | | |
|---|---|---|---|
| | Area | Counter | Hybrid Algorithm |
| 30 | 2.81 | 3.12 | 3.75 |
| 40 | 2.94 | 3.23 | 3.81 |
| 50 | 3.01 | 3.34 | 3.93 |
| 60 | 3.45 | 3.52 | 4.01 |
| 70 | 3.58 | 3.61 | 4.21 |

**Figura 5.3** *Carga de encaminhamento normalizada*

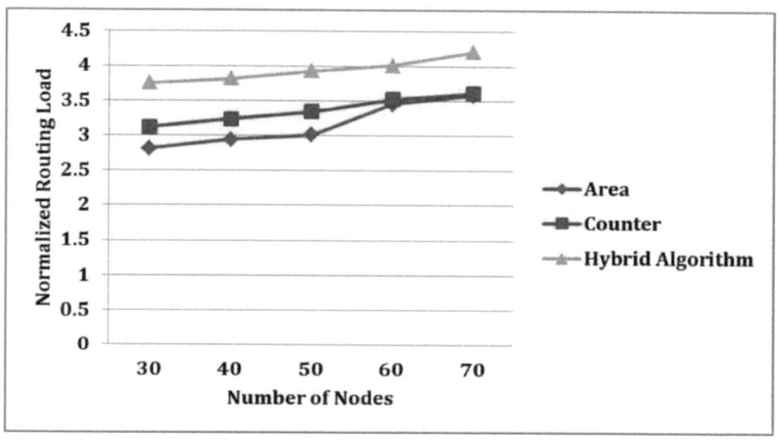


A Figura 5.3 acima sugere os resultados da carga de encaminhamento normalizada em relação ao tamanho das comunidades (quantidade de ligações) para os três esquemas. Quando a carga de tráfego aumenta, existem muitas ligações entre quaisquer nós utilizados para chegar ao destino, pelo que temos de decidir sobre este tipo de ligações. Muitos dos pacotes de informação e ligações gerados são descartados devido a colisões e rivalidades. No entanto, o nosso esquema proposto diminuirá o NRL em relação à percentagem de carga de tráfego para diferentes esquemas e apresentará uma melhor eficiência até 30%. Isto deve-se ao facto de a inundação AODV enviar os pacotes para todos os nós de forma consistente sem verificar se estes nós adquiriram estes pacotes anteriormente; por conseguinte, isto provoca colisões e contenção na rede, levando a uma carga adicional na comunidade.

## 5.4. 3Atraso médio de ponta a ponta

A métrica seguinte é o atraso médio de extremo a extremo, que é comparado com a dimensão da rede. O sistema proposto consome um atraso mínimo, apesar de o tamanho da rede ter aumentado aleatoriamente, como se pode ver na Tabela 5.3.

**Tabela 5.3** *Atraso de ponta a ponta*

| Number of Nodes | End to End Delay | | |
|---|---|---|---|
| | Area | Counter | Hybrid Algorithm |
| 30 | 0.16 | 0.28 | 0.12 |
| 40 | 0.23 | 0.31 | 0.15 |
| 50 | 0.28 | 0.38 | 0.18 |
| 60 | 0.35 | 0.43 | 0.21 |
| 70 | 0.41 | 0.48 | 0.24 |
| | | | |

**Figura 5.4** *Atraso de extremo a extremo*

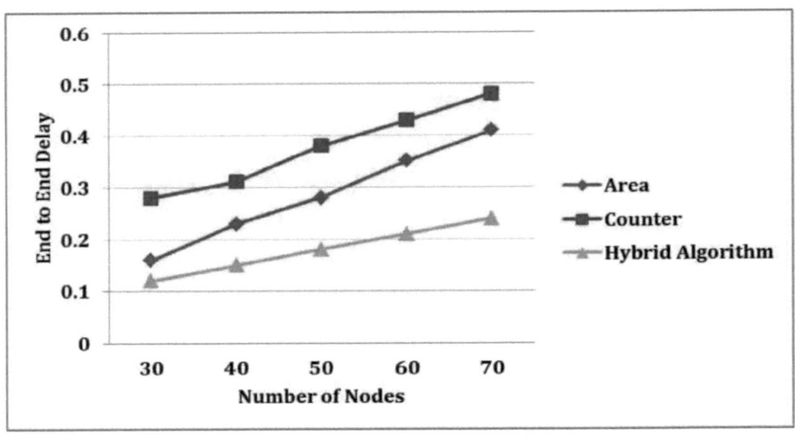


A figura 5.4 representa os atrasos de extremo a extremo de esquemas como o esquema proposto, o esquema baseado no contador e o esquema baseado na área com diferentes dimensões de rede. A quantidade de pacotes transmitidos na comunidade tem um enorme impacto no atraso. Quando a quantidade de ligações CBR aumenta, cresce o número de colisões, de contenções e de pacotes retransmitidos redundantes. Consequentemente, isto leva a um maior número de retransmissões de pacotes para o destino e, por conseguinte, a um aumento do atraso.

### 5.5.4 Rácio de entrega de pacotes

O desempenho do sistema proposto é comparado com o rácio de entrega de pacotes e é possível constatar que o método proposto elimina a mensagem redundante e encaminha a informação para o destino de forma eficaz, como mostra a Tabela 5.4.

**Tabela 5.4** *Rácio de entrega de pacotes*

| Number of Nodes | Packet Delivery Ratio | | |
|---|---|---|---|
| | **Area** | **Counter** | **Hybrid Algorithm** |
| 30 | 71.6 | 72.8 | 81.2 |
| 40 | 72.3 | 76.1 | 85.3 |
| 50 | 78.6 | 83.8 | 90.3 |
| 60 | 83.5 | 86.3 | 94.1 |
| 70 | 84.1 | 87.8 | 97.4 |

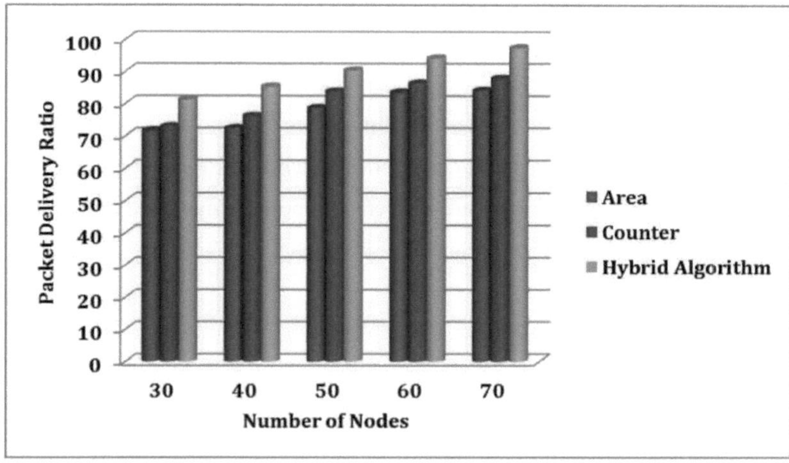


**Figura 5.5** *Rácio de entrega de pacotes*

A Figura 5.5 representa a PDR para todos os esquemas deste método. Esta constatação sugere que o nosso esquema proposto tem um valor de PDR mais elevado do que o esquema de difusão baseado em contadores. O rácio de entrega de pacotes aumenta com o número de ligações pelas seguintes razões: ligações fora da rede, caminhos mais simples e caminhos mais curtos adicionais. Isto implica que há mais ligações para ligar dois nós, oferecendo uma melhor transmissão em cada área. Com base nos resultados e nas discussões acima referidas, fica claramente demonstrado que o sistema proposto entregou os pacotes com uma taxa de entrega elevada e um atraso mínimo, quando comparado com os outros métodos de difusão. Assim, o sistema proposto supera os problemas de difusão, colisão e contenção de uma forma eficiente.

## RESUMO

Este capítulo trata do novo e optimizado esquema de difusão baseado em contadores probabilísticos que é desenvolvido para melhorar a comunicação nas redes Adhoc móveis. Inicialmente, os nós vizinhos são analisados na área de cobertura, enviando a mensagem RREQ a todos os nós das redes móveis. O pacote duplicado é eliminado através da definição do valor da probabilidade e do valor do contador durante a difusão dos pacotes. O contador é inicializado para atualizar o processo de retransmissão de pacotes duplicados. Durante o processo de deteção de pacotes duplicados, o valor limite é estimado pelo número mínimo e máximo de nós vizinhos na rede. Em seguida, obtém-se o valor da probabilidade, que é comparado com o valor do contador. Com base neste valor, a duplicação e a redundância do pacote são eficientemente identificadas e eliminadas. Por último, o desempenho do sistema é avaliado utilizando a ferramenta de simulação NS2 em termos de rácio de entrega de pacotes e atraso de ponta a ponta. Verifica-se que o sistema proposto atinge os 91,2% de resultados optimizados quando comparado com os métodos existentes.

# Capítulo 6

# COMPARAÇÃO DA ANÁLISE DE DESEMPENHO DE VÁRIAS TÉCNICAS DE DIFUSÃO NA MANET

## 6. 1INTRODUÇÃO

Este capítulo aborda a descrição detalhada e o desempenho dos protocolos de encaminhamento de redes móveis Adhoc propostos, tais como Adaptive Probabilistic Counter Based Broadcasting, Link State Based Broadcasting Protocols, Adaptive Threshold Probabilistic Counter Based Broadcast Scheme, Cluster Based Adaptive Broadcasting Scheme e Novel Optimized Hybrid Probabilistic Counter Based Broadcasting Scheme. Estes protocolos de encaminhamento de difusão asseguram a retransmissão mínima, evitam a colisão, a contenção e os problemas de tempestade de difusão. A implementação do sistema proposto é feita utilizando as ferramentas de simulação NS2 e o desempenho é analisado utilizando o atraso de ponta a ponta, o rácio de entrega de pacotes, a taxa de transferência, a sobrecarga de controlo e o encaminhamento sobre as métricas de cabeça. Neste capítulo, são apresentados resultados de diferentes protocolos de difusão.

## 6.2 RESULTADOS EXPERIMENTAIS

Esta secção analisa o desempenho dos diferentes protocolos de difusão de informação propostos utilizando as seguintes métricas.

### 6.2. 1Métrica

#### 6.2.1.1Impacto da densidade da rede

Neste trabalho de investigação, a densidade da rede é variada, alterando o número de nós implantados numa área de 600*600 m para cada cenário de simulação. Cada nó move-se de acordo com o modelo de mobilidade de viagem aleatória com uma velocidade escolhida entre 1 e 20 mseg[1] . Para cada ensaio de simulação, são utilizadas 10 ligações fonte-destino seleccionadas aleatoriamente. Com base na densidade da rede, é implementado o sistema proposto, que descobre a rota óptima enquanto transmite a informação nas redes Adhoc móveis.

#### 6.2.1. 2Rácio de entrega de pacotes

O rácio de entrega de pacotes (Packet Delivery Ratio - PDR) é uma métrica importante que é utilizada para estimar o rácio entre o número de pacotes enviados pelas fontes de taxa de bits constante e o número de pacotes recebidos no destino. O método proposto garante a entrega da mensagem da fonte ao destino de forma exacta, sem criar colisões de mensagens.

#### 6.2.1. 3Desfasamento

O atraso é a medida que é utilizada para analisar o tempo médio que o pacote demora a chegar ao destino. Também ajuda a descobrir a rota optimizada e a fila de espera na transmissão do pacote de dados. O atraso é um parâmetro muito importante no caso da transferência de dados em tempo real. No caso do áudio e do vídeo, o atraso não é muito importante, uma vez que se trata de um tempo real suave, mas no caso de um tempo real difícil, em que um pequeno atraso conduz a situações perigosas, o atraso desempenha um papel importante. Assim, consoante os requisitos, analisa-se o parâmetro do atraso.

#### 6.2.1. 4Produção

O débito é a taxa de transferência da informação da origem para o destino de uma forma bem sucedida.

## 6.3PROPOSTAS DE DIFERENTES PROTOCOLOS DE ENCAMINHAMENTO DE DIFUSÃO

### 6.3.1Um esquema eficaz de difusão adaptativa baseada em contador (ECBABS) para redes Ad Hoc móveis

Nesta secção, o desempenho do esquema de difusão adaptativa baseado no contador eficaz é avaliado com a ajuda da carga de encaminhamento normalizada (NRL), do atraso médio de extremo a extremo e da taxa de entrega de pacotes. O valor da carga de encaminhamento normalizada do sistema proposto baseado na implementação NS2 é apresentado na Tabela 6.1.

Tabela 6.1 *Carga de roteamento normalizada*

| Number of Nodes | Normalized Routing Load | | |
|---|---|---|---|
| | AODV | Counter | Proposed Method |
| 30 | 2.5 | 2.23 | 1.57 |
| 40 | 2.56 | 2.41 | 1.69 |
| 50 | 2.67 | 2.46 | 1.75 |
| 60 | 2.73 | 2.5 | 1.91 |
| 70 | 2.98 | 2.53 | 2.1 |

A Tabela 6.1 acima mostra a comparação da Carga de Encaminhamento Normalizada para o esquema de encaminhamento baseado em contador efetivo proposto com o vetor de distância Adhoc a pedido existente e os resultados do esquema baseado em contador normal e a representação gráfica relacionada é mostrada na Figura 6.1.

**Figura 6.1** *Representação gráfica da carga de encaminhamento normalizada*

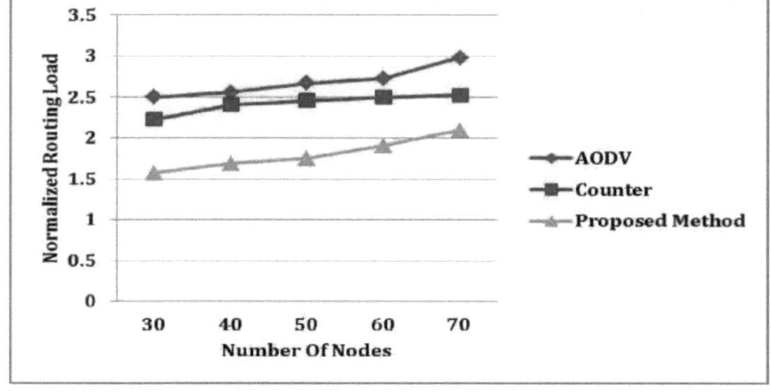


A Tabela 6.2 mostra o atraso de ponta a ponta para o sistema proposto baseado no contador efetivo que é comparado com o AODV existente e o algoritmo do contador.

**Tabela 6.2** *Atraso de ponta a ponta*

| Number of Nodes | End to End Delay | | |
|---|---|---|---|
| | AODV | Counter | Proposed Method |
| 30 | 76.4 | 55.9 | 21.2 |
| 40 | 83.5 | 63.5 | 32.4 |
| 50 | 93.1 | 76.9 | 43.5 |
| 60 | 98.4 | 82.5 | 56.3 |
| | 100.3 | 93.1 | 61.5 |

A Tabela 6.2 acima mostra a comparação do atraso de extremo a extremo para o esquema de encaminhamento baseado no contador efetivo proposto com o vetor de distância Adhoc a pedido existente, os resultados do esquema baseado no contador normal e a representação gráfica relacionada.

**Figura 6.2** *Representação gráfica do atraso de extremo a extremo*

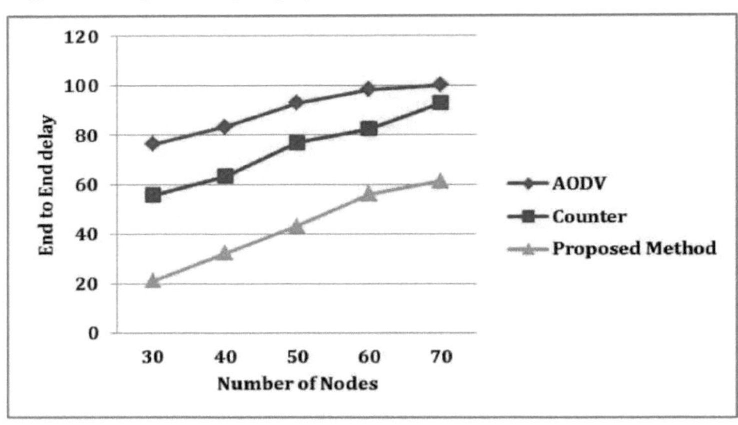


A Tabela 6.3 mostra a taxa de entrega de pacotes do esquema de difusão eficaz baseado em contadores proposto com o AODV existente e a abordagem baseada em contadores.

**Tabela 6.3** *Rácio de entrega de pacotes*

| Number of Nodes | Packet Delivery Ratio | | |
|---|---|---|---|
| | AODV | Counter | Proposed Method |
| 30 | 72.5 | 73.4 | 85.6 |
| 40 | 76.32 | 78.1 | 89.32 |
| 50 | 79.4 | 79.3 | 95.3 |
| 60 | 81.4 | 82.5 | 96.2 |
| 70 | 90.3 | 93.1 | 97.4 |

A Tabela 6.3 acima mostra que o sistema proposto transmite o pacote na rede sem fios com um rácio de entrega de pacotes elevado quando comparado com os outros métodos e a representação gráfica relacionada é mostrada na Figura 6.3.

**Tabela 6.3** *Representação gráfica do rácio de entrega de pacotes*

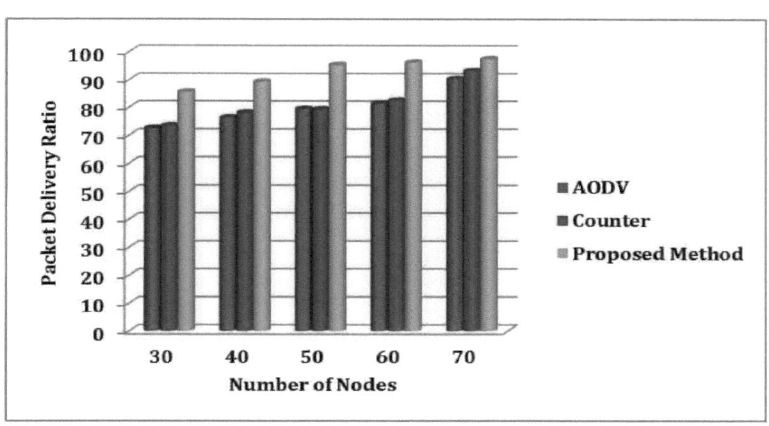


A partir das discussões acima, o esquema proposto de difusão de informação baseada em contador eficaz transmite os pacotes com um atraso mínimo, o que leva ao aumento da taxa de entrega de pacotes quando comparado com os outros métodos existentes. Finalmente, o sistema reduz a retransmissão de pacotes e também elimina os pacotes duplicados.

### 6.3.2A Descoberta de rota baseada no estado do link para a abordagem de difusão probabilística (LSB) para reduzir o problema da tempestade de difusão na Manet

Nesta secção, a abordagem probabilística da descoberta de rotas baseada no estado da ligação é feita para ultrapassar o problema da tempestade de difusão através da construção do gráfico. Em seguida, a estabilidade da ligação é gerida comparando o número de confirmações e o valor-limite. A eficiência do desempenho do sistema é comparada em termos de taxa de sucesso de difusão, número de reenvios de difusão, número de retransmissões e taxa de sucesso de reenvio. A Tabela 6.5 mostra a taxa de sucesso de difusão para o esquema de difusão no estado da ligação proposto, que é comparado com a difusão eficiente baseada na codificação de rede e nas antenas direccionais (EBCD) e a difusão com cobertura dupla (DCB).

**Tabela 8.4** *Taxa de sucesso da difusão*

| Number of Nodes | Broadcast Success Ratio (%) | | |
|---|---|---|---|
| | DCB | EBCD | LSB |
| 30 | 63.2 | 79.1 | 86.2 |
| 40 | 68 | 81.2 | 89.4 |
| 50 | 70 | 84 | 90 |
| 60 | 71.6 | 86 | 91.6 |
| 70 | 74 | 87.5 | 93.5 |

A Tabela 6.4 mostra a comparação da taxa de sucesso de difusão para o esquema de encaminhamento baseado no estado da ligação proposto com a difusão eficiente baseada na codificação de rede e nas antenas direccionais (EBCD) e a difusão com cobertura dupla

(DCB) existentes. Os resultados e a representação gráfica correspondente são apresentados na Figura 6.4.

**Figura 6.4** *Representação gráfica da taxa de sucesso de difusão*

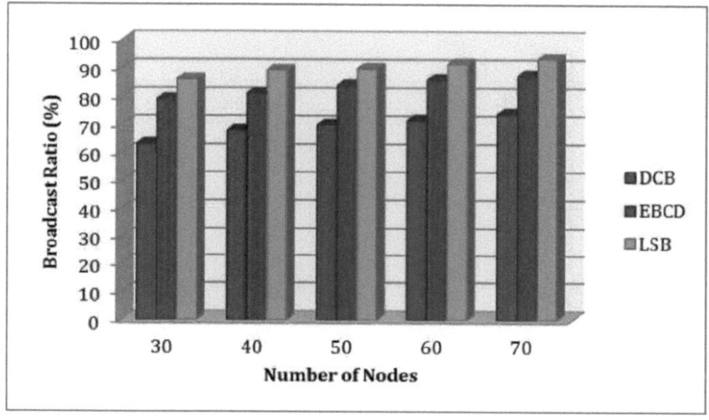


**Tabela 6.5** *Transmissão para a frente*

| Number of Nodes | Number of Broadcast Forward | | |
|---|---|---|---|
| | **DCB** | **EBCD** | **LSB** |
| 30 | 13 | 24 | 27 |
| 40 | 20 | 28 | 34 |
| 50 | 29 | 31 | 42 |
| 60 | 43 | 46 | 49 |
| 70 | 56 | 57 | 60 |

Com base na Tabela 6.5, o número de nós de encaminhamento e o tamanho da rede do esquema de difusão baseado no estado da ligação proposto são comparados com os esquemas DCB e EBCD existentes e a representação correspondente é apresentada na Figura 6.5.

**Figura 6.5** *Representação gráfica do Broadcast Forward*

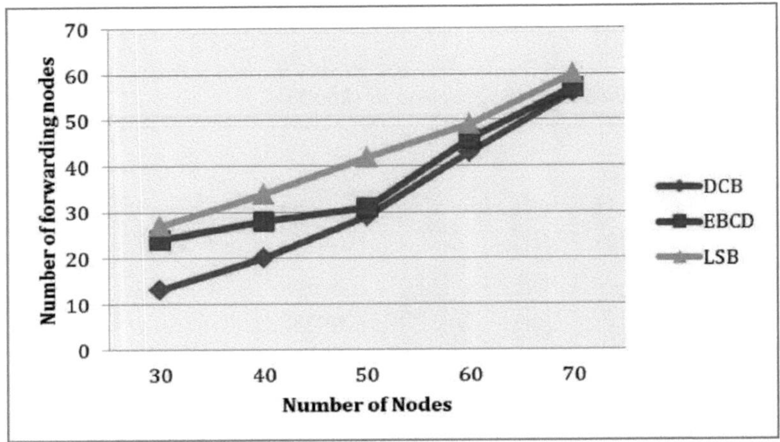


Com base nas discussões anteriores, o esquema de difusão baseado no estado da ligação difunde a informação com uma taxa de difusão máxima e uma taxa de retransmissão mínima, como mostra a Figura 6.6.

**Figura 6.6** *Representação gráfica da taxa de retransmissão*

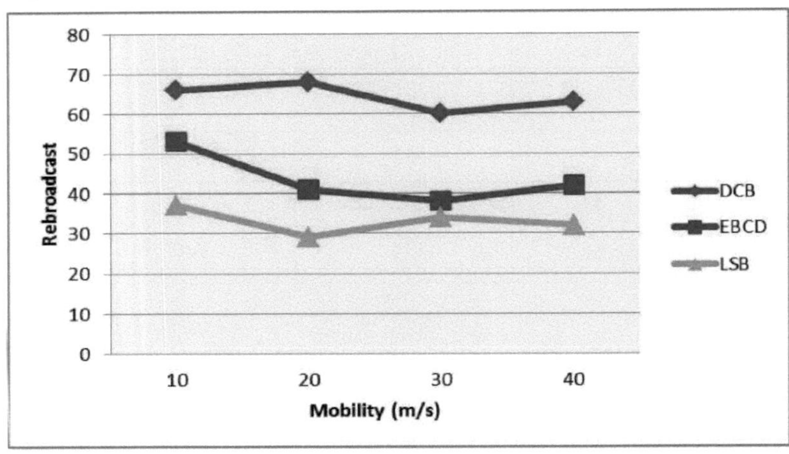


A partir dos resultados e da análise acima referidos, os pacotes transmitem eficazmente a informação nas redes móveis com um número mínimo de retransmissões e uma taxa de encaminhamento mais elevada, em comparação com os métodos existentes, como o DCB e o EBCD. A taxa mínima de retransmissão mostra que o sistema proposto supera os problemas de colisão e contenção.

### 6.3.3 Esquema de difusão baseado em contador probabilístico com limiar adaptativo (ATPCB) para redes móveis Ad-Hoc na descoberta de rotas

Nesta secção, o contador probabilístico de limiar adaptativo e o esquema de difusão baseado na ligação são utilizados para transmitir os pacotes com um mínimo de retransmissões e o desempenho do sistema é avaliado utilizando a carga de encaminhamento normalizada, o atraso de extremo a extremo e a taxa de entrega de pacotes. A Tabela 6.6 mostra a comparação da carga de encaminhamento normalizada para o AD proposto, que é comparado com o Flooding e o AODV de 3 contadores.

**Tabela 6.6** *Carga de encaminhamento normalizada*

| Number of Nodes | Normalized Routing Load | | |
|---|---|---|---|
| | Flooding | 3 Counter AODV | Proposed AD |
| 30 | 2.21 | 1.8 | 1.61 |
| 40 | 2.25 | 1.82 | 1.66 |
| 50 | 2.28 | 1.85 | 1.69 |
| 60 | 2.32 | 1.95 | 1.76 |
| 70 | 2.36 | 1.99 | 1.78 |

A Tabela 6.6 acima mostra a comparação da carga de encaminhamento normalizada para o AD proposto, que tem a quantidade mínima da carga de encaminhamento normalizada e a representação gráfica relacionada é mostrada na Figura 6.7.

**Figura 6.7** *Representação gráfica da carga de encaminhamento normalizada*

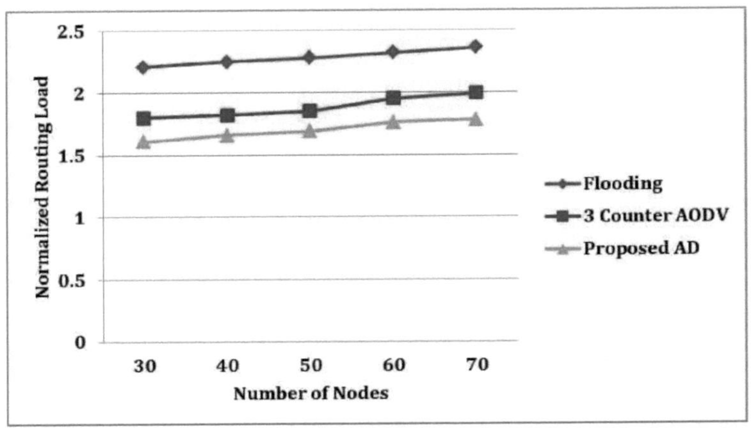


A Tabela 6.7 mostra a comparação do atraso de extremo a extremo com o algoritmo AODV de inundação existente e de 3 contadores. Assim, o sistema proposto tem o atraso mínimo de extremo a extremo durante a transmissão do pacote na rede.

**Tabela 6.7** *Atraso de ponta a ponta*

| Number of Nodes | End to End Delay | | |
|---|---|---|---|
| | Flooding | 3 Counter AODV | Proposed AD |
| 10 | 46 | 42 | 40 |
| 15 | 48 | 41.9 | 41.2 |
| 20 | 48.5 | 41.4 | 40.9 |
| 25 | 50.5 | 45.3 | 41.9 |
| 30 | 51 | 46.2 | 41.8 |
| 35 | 51.4 | 46.8 | 43 |
| 40 | 53 | 48 | 43.2 |

**Figura 8.8** *Representação gráfica do atraso de extremo a extremo*

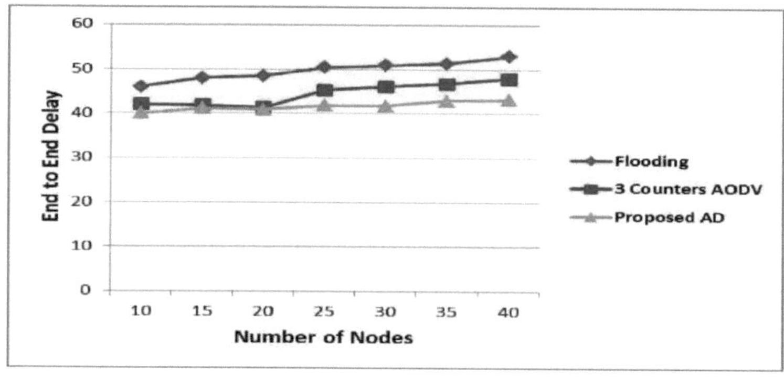


A Figura 6.8 acima mostra claramente que o sistema proposto consome um atraso mínimo em comparação com os métodos existentes. A Tabela 6.9 mostra a comparação da taxa de entrega de pacotes para o sistema proposto e a representação gráfica correspondente é mostrada na Figura 6.9.

**Tabela 6.8** *Rácio de entrega de pacotes*

| Number of Nodes | Packet Delivery Ratio | | |
|---|---|---|---|
| | **Flooding** | **3 Counter AODV** | **Proposed AD** |
| 10 | 93 | 95 | 96 |
| 15 | 93.5 | 95.5 | 96.5 |
| 20 | 94 | 95.7 | 97 |
| 25 | 94.5 | 96 | 97.5 |
| 30 | 94.8 | 96.8 | 97.6 |
| 35 | 95 | 96.6 | 97.5 |
| 40 | 95.5 | 97 | 98 |

**Figura 6.9** *Representação gráfica do rácio de entrega de pacotes*

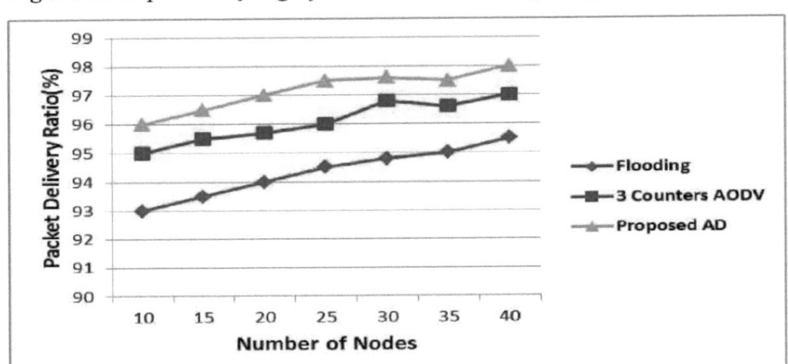


As discussões acima mostram claramente que o esquema de contra-difusão baseado no limiar adaptativo proposto transmite o pacote com um atraso mínimo, o que significa que reduz o número de retransmissões. O atraso mínimo leva a um aumento da taxa de entrega de pacotes quando comparado com os outros métodos.

### 6.3.4 Um esquema de difusão adaptável baseado em clusters (CBAB) para redução de sobrecarga em Manet

Nesta secção, o esquema de difusão adaptativa baseado em clusters é utilizado para transmitir os pacotes com um mínimo de retransmissões através da formação de clusters e o desempenho do sistema é avaliado através da taxa de transferência, do atraso, da taxa de entrega e das despesas gerais de controlo e encaminhamento. A Tabela 6.9 mostra a comparação da taxa de transferência para o CBAB proposto, que é comparado com o Neighbor based Probabilistic Rebroadcast (NBPR) e o Dynamic Route Discovery (DRR)

**Tabela 6.9***Rendimento*

| Number of Nodes | Delay | | | |
|---|---|---|---|---|
| | AODV | NBPR | DRR | Proposed CBAB |
| 50 | 0.06 | 0.05 | 0.04 | 0.02 |
| 100 | 0.07 | 0.06 | 0.05 | 0.04 |
| 150 | 0.09 | 0.08 | 0.06 | 0.05 |
| 200 | 0.15 | 0.1 | 0.09 | 0.07 |
| 250 | 0.2 | 0.15 | 0.13 | 0.1 |
| 300 | 0.25 | 0.23 | 0.15 | 0.12 |

A Tabela 6.9 mostra claramente que o sistema proposto forma o cluster com um rendimento elevado quando comparado com os métodos existentes e a representação gráfica relacionada é mostrada na Figura 6.10.

**Tabela 6.10** *Representação gráfica da taxa de transferência*

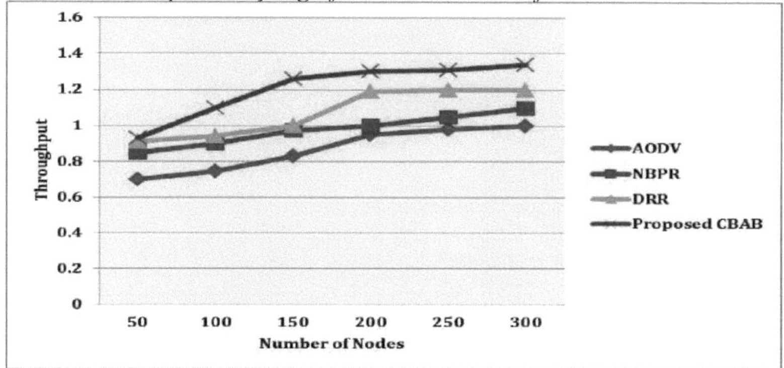


A Tabela 6.10 mostra a comparação do atraso de extremo a extremo com os actuais AODV, NBPR e DRR. Assim, o sistema proposto tem o atraso mínimo de extremo a extremo durante a transmissão do pacote na rede.

**Tabela 6.10** *Atraso*

| Number of Nodes | Delay | | | |
|---|---|---|---|---|
| | AODV | NBPR | DRR | Proposed CBAB |
| 50 | 0.06 | 0.05 | 0.04 | 0.02 |
| 100 | 0.07 | 0.06 | 0.05 | 0.04 |
| 150 | 0.09 | 0.08 | 0.06 | 0.05 |
| 200 | 0.15 | 0.1 | 0.09 | 0.07 |
| 250 | 0.2 | 0.15 | 0.13 | 0.1 |
| 300 | 0.25 | 0.23 | 0.15 | 0.12 |

**Figura 6.11** *Representação gráfica do atraso*

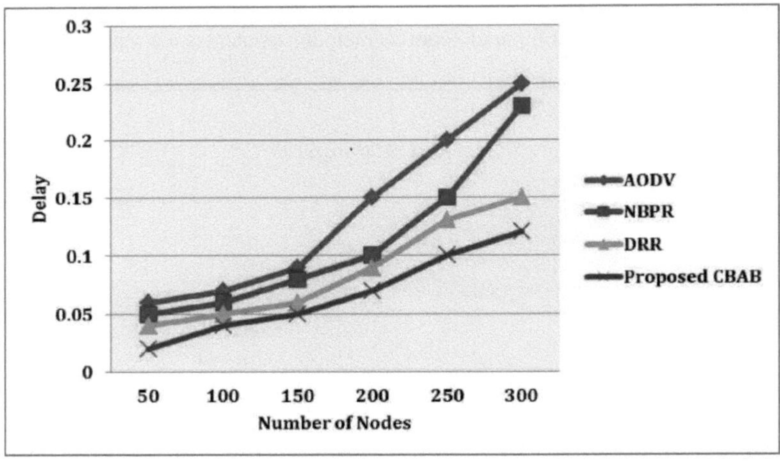


A Figura 6.11 mostra claramente que o sistema proposto consome um atraso mínimo em comparação com os métodos existentes. A Tabela 6.11 mostra a comparação da taxa de entrega de pacotes para o sistema proposto e a representação gráfica correspondente é mostrada na Figura 6.12.

**Quadro 6. 11Rácio de entrega**

| Number of Nodes | Delivery Ratio | | | |
|---|---|---|---|---|
| | AODV | NBPR | DRR | Proposed CBAB |
| 50 | 0.58 | 0.6 | 0.65 | 0.8 |
| 100 | 0.55 | 0.58 | 0.63 | 0.75 |
| 150 | 0.5 | 0.55 | 0.6 | 0.7 |
| 200 | 0.48 | 0.49 | 0.55 | 0.55 |
| 250 | 0.43 | 0.45 | 0.45 | 0.5 |
| 300 | 0.4 | 0.4 | 0.4 | 0.46 |

**Figura 6.12** *Representação gráfica do rácio de entrega de pacotes*

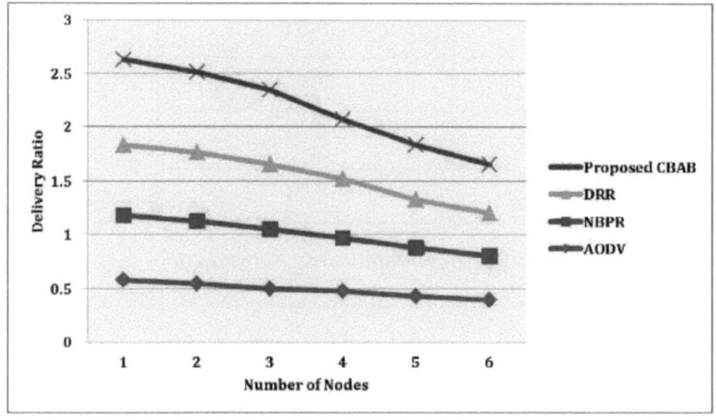


As discussões acima mostram claramente que o esquema de difusão adaptativa baseado em clusters proposto transmite o pacote com um atraso mínimo, o que significa que reduz o número de retransmissões. O atraso mínimo leva ao aumento da taxa de entrega de pacotes quando comparado com os outros métodos.

### 6.3.5 Um novo esquema optimizado de difusão baseada em contador probabilístico híbrido (HPCB) em Manet

Nesta secção, o novo esquema híbrido optimizado de difusão probabilística baseada em contadores é utilizado para transmitir os pacotes com o mínimo de retransmissões através da formação de clusters e o desempenho do sistema é avaliado através da taxa de transferência, do atraso, da taxa de entrega e das despesas gerais de controlo e encaminhamento. A Tabela 6.12 mostra a comparação do rendimento do algoritmo híbrido proposto com o esquema de difusão baseado na área e o esquema de difusão baseado no contador.

**Tabela 6.12** *Carga de encaminhamento normalizada*

| Number of Nodes | Normalized Routing Load | | |
|---|---|---|---|
| | Area | Counter | Hybrid Algorithm |
| 30 | 2.81 | 3.12 | 3.75 |
| 40 | 2.94 | 3.23 | 3.81 |
| 50 | 3.01 | 3.34 | 3.93 |
| 60 | 3.45 | 3.52 | 4.01 |
| 70 | 3.58 | 3.61 | 4.21 |

**Figura 6.13** *Representação gráfica da carga de encaminhamento normalizada*

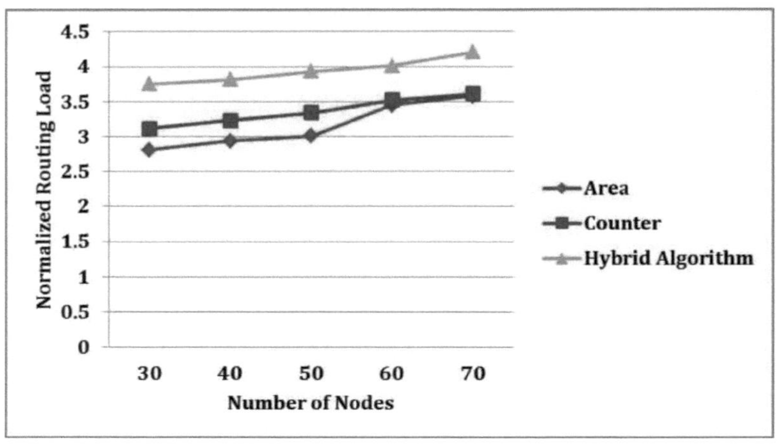


A Tabela 6.13 mostra a comparação do atraso de extremo a extremo com o esquema de difusão baseado na área e no contador existente. O sistema proposto tem o atraso mínimo de extremo a extremo durante a transmissão do pacote na rede.

**Tabela 6.13** Atraso de ponta a ponta

| Number of Nodes | End to End Delay | | |
|---|---|---|---|
| | **Area** | **Counter** | **Hybrid Algorithm** |
| 30 | 0.16 | 0.28 | 0.12 |
| 40 | 0.23 | 0.31 | 0.15 |
| 50 | 0.28 | 0.38 | 0.18 |
| 60 | 0.35 | 0.43 | 0.21 |
| 70 | 0.41 | 0.48 | 0.24 |

**Figura 6.14** *Representação gráfica do atraso de ponta a ponta*

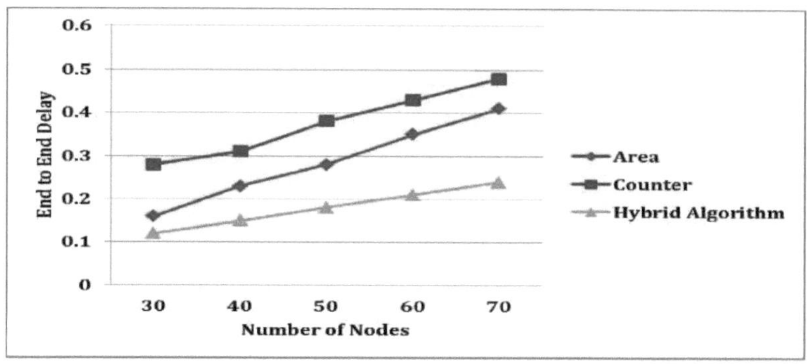


A Figura 6.14 mostra claramente que o sistema proposto consome um atraso mínimo em comparação com os métodos existentes. A Tabela 6.14 mostra a comparação da taxa de entrega de pacotes para o sistema proposto e a representação gráfica correspondente é mostrada na Figura 6.16.

**Tabela 6.14** *Rácio de entrega de pacotes*

| Number of Nodes | Packet Delivery Ratio | | |
|---|---|---|---|
| | Area | Counter | Hybrid Algorithm |
| 30 | 71.6 | 72.8 | 81.2 |
| 40 | 72.3 | 76.1 | 85.3 |
| 50 | 78.6 | 83.8 | 90.3 |
| 60 | 83.5 | 86.3 | 94.1 |
| 70 | 84.1 | 87.8 | 97.4 |

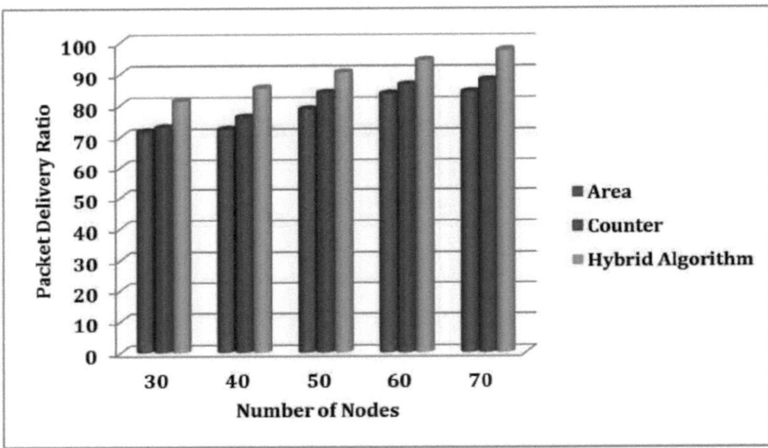


**Figura 6.15** *Representação gráfica do rácio de entrega de pacotes*

As discussões acima mostram claramente que o novo esquema de difusão probabilística adaptativa proposto transmite o pacote com um atraso mínimo, o que significa que reduz o número de retransmissões. O atraso mínimo leva a um aumento da taxa de entrega de pacotes quando comparado com os outros métodos.

### 6.3.6 Resultados comparativos dos diferentes protocolos de esquema de difusão propostos

Esta secção aborda a avaliação do desempenho dos diferentes tipos de métodos de difusão propostos, como o Effective Counter Based Adaptive Broadcasting Scheme, o Link

State Based Route Discovery for Probabilistic Broadcast Scheme, o Adaptive Threshold Probabilistic Counter Based Broadcast Scheme, o Cluster Based Adaptive Broadcasting Scheme e o Novel Optimized Hybrid Probabilistic Counter Based Broadcasting Scheme. Os valores médios e padrão resultantes são apresentados na Tabela 6.15.

**Tabela 6.15** *Atraso de ponta a ponta*

| Number of Nodes | End to End Delay | | | | |
|---|---|---|---|---|---|
| | **ECBABS** | **LBAB** | **ADPCBS** | **CBABS** | **NHPCB** |
| 30 | 2.12 | 2.28 | 1.61 | 1.22 | 1.12 |
| 40 | 3.24 | 2.31 | 1.66 | 1.41 | 1.15 |
| 50 | 4.35 | 3.38 | 1.69 | 1.50 | 1.18 |
| 60 | 5.63 | 4.43 | 1.76 | 1.67 | 1.21 |
| 70 | 6.15 | 5.48 | 1.78 | 1.73 | 1.24 |
| **Mean & SD** | | | | | |
| Mean | 4.298 | 3.576 | 1.7 | 1.506 | 1.18 |
| SD | 1.663571459 | 1.385218394 | 0.070356236 | 0.205012195 | 0.047434165 |

Assim, a Tabela 6.15 acima mostra os esquemas de difusão propostos como

O ECBABS, LBAB, ADPCBS, CBABS e NHPCB consomem um atraso mínimo durante a transmissão, o que indica que o sistema proposto transmite os pacotes com taxas de entrega elevadas. A representação gráfica relacionada é mostrada na Figura 6.16.

**Figura 6.16** *Esquema de difusão diferente proposto Atraso de extremo a extremo*

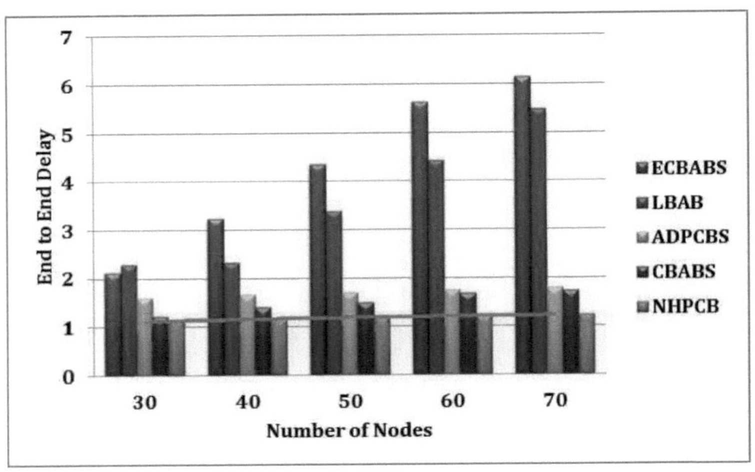


A eficiência da taxa de entrega do esquema de difusão proposto é analisada utilizando a seguinte Tabela 6.16.

**Tabela 6.16** *Rácio de entrega de pacotes*

| Number of Nodes | Packet Delivery Ratio | | | | |
|---|---|---|---|---|---|
| | ECBABS | LBAB | ADPCBS | CBABS | NHPCB |
| 30 | 85.6 | 86.2 | 87.8 | 90.8 | 91.2 |
| 40 | 89.32 | 89.4 | 89.5 | 92.75 | 93.3 |
| 50 | 95.3 | 90 | 92.7 | 94.7 | 95.3 |
| 60 | 96.2 | 91.6 | 93.5 | 96.55 | 96.1 |
| 70 | 97.4 | 93.5 | 96.6 | 97. 05 | 97.4 |
| Mean & SD | | | | | |
| Mean | 92.764 | 90.14 | 92.02 | 93.7 | 94.66 |
| SD | 5.0723249 | 2.716247 | 3.456443 | 41.9589 | 2.439877046 |

Assim, a Tabela 6.16 mostra que os esquemas de difusão propostos, como ECBABS, LBAB, ADPCBS, CBABS e NHPCB, entregam o pacote com uma taxa elevada durante a transmissão do pacote, o que indica que o sistema proposto transmite os pacotes com taxas de entrega elevadas. A representação gráfica correspondente é mostrada na Figura 6.17.

**Figura 6.17** *Representação gráfica do rácio de entrega de pacotes*

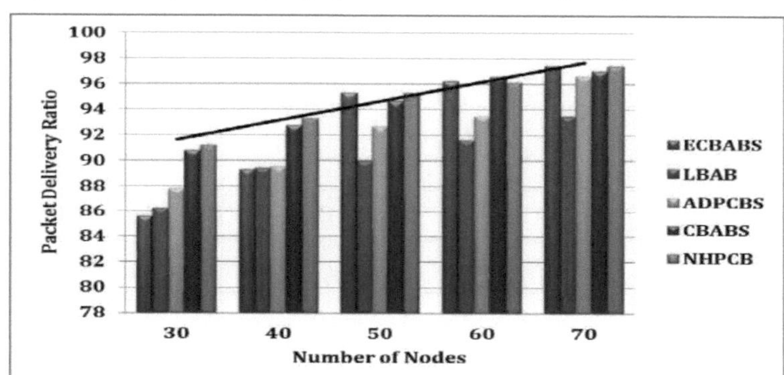


A partir dos resultados e discussões acima, o sistema proposto entrega o pacote com uma taxa de entrega elevada, com resultados como o Effective Counter Based Adaptive Broadcasting Scheme (85,6%), Link State Based Route Discovery for Probabilistic Broadcastscheme (86,2%), Adaptive Threshold Probabilistic Counter Based Broadcast Scheme (87,8%), Cluster Based Adaptive Broadcasting Scheme (90,2%) e Novel Optimized Hybrid Probabilistic Counter Based Broadcasting Scheme (91,2%) para 30 nós nas redes móveis Adhoc. Assim, o sistema proposto apresenta resultados promissores para a difusão de informação nas redes Adhoc móveis.

## RESUMO

Este capítulo apresenta uma análise abrangente de diferentes esquemas de protocolo de difusão que foram implementados utilizando a ferramenta de simulação NS2. Os resultados experimentais são comparados. O caminho optimizado foi detectado e a eficiência do sistema proposto é avaliada utilizando o atraso de fim a fim, a carga de encaminhamento normalizada, o débito, a taxa de entrega de pacotes, a retransmissão e o número de nós de encaminhamento. Neste trabalho de investigação, são utilizados diferentes esquemas de difusão como o Effective Counter Based Adaptive Broadcasting Scheme, o Link

State Based Route Discovery for Probabilistic Broadcast Scheme, o Adaptive Threshold Probabilistic Counter Based Broadcast Scheme, o Cluster Based Adaptive Broadcasting Scheme e o Novel Optimized Hybrid Probabilistic Counter Based Broadcasting Scheme para detetar o caminho certo sem criar colisões e contenção na MANET.

# Capítulo 7

# CONCLUSÃO E TRABALHO FUTURO

## 7. 1CONCLUSÃO

Este capítulo analisa o mais importante desta tese e apresenta as principais conclusões.

Neste trabalho de investigação, propusemos diferentes esquemas de difusão para ultrapassar o problema da tempestade de difusão, os pacotes redundantes e reduzir a retransmissão. Os diferentes esquemas de difusão, como o Effective Counter Based Adaptive Broadcasting Scheme, o Link State Based Route Discovery for Probabilistic Broadcast Scheme, o Adaptive Threshold Probabilistic Counter Based Broadcast Scheme, o Cluster Based Adaptive Broadcasting Scheme e o Novel Optimized Hybrid Probabilistic Counter Based Broadcasting Scheme, são utilizados neste trabalho de investigação.

Esta investigação reconheceu uma questão importante nas MANET, que é o "Broadcast storm problem" (problema da tempestade de difusão). Examinámos diferentes esquemas de difusão e de encaminhamento, tais como o contador, o limiar adaptativo e os métodos baseados em clusters, que foram propostos para resolver este problema.

No primeiro esquema de difusão, as rotas optimizadas são identificadas através da inicialização do valor do contador que é utilizado para analisar os pacotes duplicados nas redes. Os valores de atraso estimados são comparados com o valor de limiar, com base na comparação, o pacote redundante foi eliminado. O valor da probabilidade é determinado utilizando o número de confirmações.

O segundo e terceiro esquemas de difusão utilizam a mensagem RREQ que é reencaminhada para os nós próximos e o tempo de atraso é calculado continuamente através da estimativa do intervalo de tempo entre o mínimo e o máximo das mensagens de pedido e de resposta. Com base no atraso, é construído um mapa e o valor da probabilidade é calculado para estimar a rota óptima e a estabilidade da rota é identificada comparando o índice de probabilidade de encaminhamento e o valor limiar.

O quarto esquema de difusão analisa os nós vizinhos utilizando o valor do rácio de cobertura e os nós são formados como clusters. A partir do agrupamento, o valor da probabilidade é analisado para eliminar os pacotes redundantes. Depois disso, o nó transmite a informação ao destino com um atraso mínimo, o que leva a um aumento da taxa de entrega de pacotes. O método híbrido adaptativo baseado em contadores é utilizado para formar o grupo e o pacote duplicado é eliminado da rede. O desempenho do sistema proposto é testado com a ajuda da ferramenta de simulação NS2 e a eficiência é analisada em termos de carga de encaminhamento normalizada, atraso de ponta a ponta, taxa de transferência, taxa de sucesso, número de retransmissões, número de nós de encaminhamento, taxas de encaminhamento e métricas da taxa de entrega de pacotes. Estas métricas são aplicadas a todo o esquema de difusão e o desempenho dos protocolos de difusão propostos é avaliado de forma eficiente.

Assim, está provado que os diferentes esquemas de difusão de informação propostos consomem um atraso mínimo, o que leva a um aumento da taxa de entrega e garante a eliminação dos pacotes duplicados.

## 7.2LIMITAÇÕES E CONTRIBUIÇÃO DO TRABALHO DE INVESTIGAÇÃO

As limitações e a contribuição deste trabalho de investigação são as seguintes

### 7.2.1Limitações do trabalho de investigação

- Cada nó tem um tempo de vida limitado da bateria, o que requer protocolos de eficiência energética, especialmente para fins de difusão.
- Cada ligação fornece uma largura de banda de comunicação limitada, uma vez que a largura de banda depende dos vizinhos do próximo salto.
- As rotas são alteradas dinamicamente devido à falta de consciência da mobilidade por parte das aplicações MANET.

### 7.2.2 Contribuições do trabalho de investigação

- O processo de trabalho de vários protocolos de encaminhamento propostos, como a abordagem de difusão probabilística de estado de ligação, o esquema de difusão adaptativa baseada em contador, a abordagem baseada em contador probabilístico de limiar adaptativo, o esquema de difusão baseado em cluster e as novas abordagens de esquema de difusão probabilística baseada em contador híbrido optimizado.

- Os problemas de difusão presentes na rede, como a contenção, a colisão, a redundância e a falha do nó ou da ligação, também são abordados.
- Além disso, o sistema proposto reduz as dificuldades presentes no valor do limiar e no processo de seleção do atraso da avaliação aleatória.
- Visão geral da arquitetura proposta para o encaminhamento e difusão de informação e processos relacionados.
- A configuração experimental que fornece pormenores sobre as normas, a estrutura da rede, o atraso de extremo a extremo e o rácio de entrega de pacotes.

## 7. 3DIRECÇÕES FUTURAS

Esta secção centra-se em melhorias futuras no nosso estudo e na investigação de novas direcções de investigação. O trabalho de investigação pode ser compreendido de várias formas e algumas delas são resumidas abaixo.

- Neste trabalho de investigação, a abordagem probabilística de limiar baseada no estado da ligação foi calculada com base no valor da probabilidade e no intervalo entre as mensagens. A partir do valor calculado, a rota óptima e a estabilidade da rota são também identificadas utilizando o valor da probabilidade de indexação reencaminhada. No futuro, poderão ser reconhecidos caminhos mais eficientes utilizando os diferentes valores de probabilidade.

- O esquema de difusão adaptativa baseado em clustering proposto analisa a rota optimizada com um mínimo de sobrecarga de controlo. No futuro, mais cabeças de cluster podem ser estimadas com a ajuda de diferentes tipos de processos de clustering.

- A investigação da técnica baseada no contador probabilístico de difusão para mecanismos de segurança e eficiência energética poderá ser efectuada numa análise futura.

# REFERÊNCIAS


1. AbdelmajidKhelil, Pedro Jos'eMarr'on, Christian Becker& Kurt Rotherme, 'Hypergossiping: A Generalized Broadcast Strategy for MobileAHocNetworks',https://www.ukp.tudarmstadt.de/fileadmin/user_upload/GROUP_DEEDS/Publications/Publication/khelil_Hypergossiping_Elsevier-AD-HOC-06.pdf.

2. Aboki, Shaghaghi, P, Akhlaghi, R & Md Noor 2013, "Predictive location aided routing in Mobile Ad hoc Network", IEEE Malaysia International Conference on Communications (MICC), pp. 57-61.

3. Aminu Mohammed, Mohamed Ould-Khaoua, Lewis Mackenzie & Jamal-Deen Abdula 2008, 'An Adjustedt Counter-Based Broadcast Scheme for Mobile Adhoc Networks', Computer modeling and simulation ,IEEE conference.

4. Aminu Mohammed, Mohamed Ould-Khaoua & Lewis Mackenzie, 2007, 'An Efficient Counter-Based Broadcast Scheme for Mobile Ad Hoc Networks', Formal Methods and Stochastic Models for Performance Evaluation, Springer, vol. 4748, pp. 275-283.

5. AnujGupta, K, Harsh Sadawarti & Anil Verma, K 2011, 'Review of Various Routing Protocols for MANETs', International Journal of Information and Electronics Engineering, vol. 1, no. 3.

6. Anya Apavatjrut 2012, 'Energy Efficient Optimization and Route Recovery for Gradient Broadcast Routing Protocol for Wireless Sensor Networks', New Technologies, Mobility and Security (NTMS) in IEEE, pp. 1-4.

7. Bai, L& Chen 2007, 'Extended Multicast Optimized Link State Routing Protocol in MANETs with Asymmetric Links', Global Telecommunications in IEEE, pp. 16121617.

8. Bani-Yassein, M,Ould-Khaoua, LM, Mackenzei & Papanastasiou, s 2006, 'Performance Analysis of Adjusted Probabilistic Broadcasting in Mobile Ad Hoc Networks', International Journal of Wireless Information Networks, vol. 13, pp. 127140

9. Banwari, Deepanshu Sharma & Deepak Upadhyay 2013, 'Routing Algorithms for MANET: A Comparative Study", International Journal of Engineering and Innovative Technology (IJEIT), vol. 2, no. 9

10. Basurra, De Vos, J, Padget, T, Lewis, S & Armour 2010, 'A Zone-based Routing Protocol with Parallel Collision Guidance Broadcasting for MANET', Communication Technology in IEEE.

11. Bency Wilson, Geethu Bastian, Vinitha Ann Regi & Arun Soman 2013, 'EZR: Enhanced Zone Based Routing In Manet', International Journal of Modern Engineering Research, vol. 3, issue 3.

12. Calinescu, I, Mandoiu, PJ, Wan, AZ & Zelikovsky 2004, 'Selecting forwarding neighbors in wireless adhoc networks', Mobile Networks and Applications, pp. 101111.

13. Chakeres & Perkins, CE 2008, "Dynamic MANET On-demand (DYMO) Routing", projeto Internet da IETF.

14. Chaki2010, 'LAR2P: A Location Aided Reactive Routing Protocol for near-optimal route discovery in MANET', Computer Information Systems and Industrial ManagementApplicationsinIEEE , pp. 259-264.

15. Clausen & Jacquet, P 2003, 'Optimized Link State Routing Protocol (OLSR)', IETF Mobile Ad Hoc Networking Working Group Internet Draft.

16. Defrawy & Tsudik 2011, "Privacy-Preserving Location-Based On-Demand Routing in MANETs", IEEE Journal on Selected Areas in Communications, vol. 29, no. 10.

17. D.G.Reina,S.L.Tora, P.Johnson & F.Barrero 2015, 'A survey on Probabilistic broadcast scheme for wireless ad hoc networks',Ad Hoc Networks in ELSEVIER,25(2015),263-292.

18. Dhenakaran & Parvathavarthini 2013, 'An Overview of Routing Protocols in Mobile Ad-Hoc Network', International Journal of Advanced Research in Computer Science and Software Engineering, vol. 3, no. 2.

19. Dimitrios Liarokapis & Ali Shahrabi 2009, "A probability-based adaptive scheme for broadcasting in MANETs", Mobility '09 Proceedings of the 6th International Conference on Mobile Technology, Application & Systems in ACM.

20. Dong An & Hasan Cam 2007, 'Route Recovery with One-Hop Broadcast to Bypass Compromised Nodes in Wireless Sensor Networks', Wireless Communications and Networking Conference in IEEE, pp. 2495-2500.

21. Dongkyun Kim, Chai-KeongToh, Juan-Carlos Cano & Pietro Manzoni (ano), 'A Bounding Algorithm for the Broadcast Storm Problem in MobileAdHocNetworks',http://www.grc.upv.es/papers/docs/camera_ready.pdf.

22. Du, Hassanein, C & Yeh 2003, 'Zone-based routing protocol for high-mobility MANET', Electrical and Computer Engineering in IEEE.

23. Fahmy, Nassef, IA & Saroit Ahmed, SH 2010, "Melhoria dos parâmetros QoS para o protocolo de encaminhamento híbrido baseado em zonas em MANET", Informática e Sistemas no IEEE, pp. 1-9.

24. Fan-Hsun Tseng, Li-Der Chou & Han-Chieh Chao, 2011, "A survey of black hole attacks in wireless mobile ad hoc networks" Tseng et al.Humancentric Computing and Information Sciences, a Springer.

25. Fuhrmann 2006, "Scalable Routing in Sensor Actuator Networks with Churn", 2006

"Proceedings of 3rd Annual IEEE Communications Society on Sensor and Ad Hoc Communications and Networks", SECON, vol. 1, pp. 33-39.

26. Gerla & Zhou 2009, 'Cluster-based inter-domain routing (cidr) protocol for MANETs', Wireless On-Demand Network Systems and Services in IEEE, pp. 19-26.

27. Gouda & Behera 2012, 'A route discovery approach to find an optimal path in MANET using reverse reactive routing protocol', Computing and Communication Systems in IEEE, pp. 1-5.

28. Govindaswamy Kalpana & Muthusamy Punithavalli 2012, 'Reliable Broadcasting Using Efficient Forward Node Selection for Mobile Ad-Hoc Networks', The International Arab Journal of Information Technology, vol. 9, no. 4.

29. Hai Liu & XiaohuaJia 2007, 'A Distributed and Efficient Flooding Scheme Using 1-Hop Information in Mobile Ad Hoc Networks', IEEE Transactions On Parallel And Distributed Systems, vol. 18, no. 5.

30. Hao Zhang & Zhong-Ping Jiang, 2006. Modeling and Performance analysis of adhoc broadcasting schemes" Performance Evaluation An International Journal, vol. 63, pp. 1196-1215.

31. Harmandeep Singh, Gurpreet Singh &Manpreet Singh 2012, 'Performance Evaluation of Mobile Ad Hoc Network Routing Protocols under BlackHoleAttack'International Journal of Computer Applications (0975 - 8887), vol. 42, no.18.

32. Hricha Sharma & Sheela Verma 2013, 'A Novel scheme for avoidance of packet flooding in MANET', International Journal of Computer Science and Mobile Computing, vol. 2, no. 12.

33. Huang Bhatti, S & Parker, D 2006, "Tuning OLSR", Actas do 17. º Simpósio Internacional Anual do IEEE sobre Comunicações Rádio Pessoais, Interiores e Móveis (PIMRC'06).

34. Hussein Al-Bahadili & Khalid Kaabneh 2010, 'Analyzing The Performance of Probabilistic Algorithm In Noisy Manets', International Journal of Wireless & MobileNetworks (IJWMN), vol. 2, no. 3.

35. Indumathi & Sindhuja 2012, 'Study of Zone Based Multicast Routing Protocols in MANETs', International Journal of Advanced Research in Computer and Communication Engineering, vol. 1, no. 6.

36. Is-Haka Mkwawa, M & Demetres Kouvatsos, D 2011, 'Broadcasting Methods in MANETS: An Overview", Networks Performance and Engineering in springer, vol. 5233, pp. 767-783.

37. Jagadeesan, D & Srivatsa, SK 2012, 'Multipath Routing Protocol for Effective Local Route Recovery in Mobile Ad hoc Network', Journal of Computer Science, vol. 8, no. 7, pp. 1143-1149.

38. Jagadish Gurrala, PailaUsha & Soumya Ranjan Mishra 2014, 'A Novel Approach of Cluster based Routing in Mobile Ad hoc Networks', International Journal of Computer Applications, vol. 107, no. 2.

39. Jagdale, BN, Pragati Patil, P, Lahane, D & Javale 2012, 'Analysis and Comparison of Distance Vetor, DSDV and AODV Protocol of MANET', International Journal of Distributed and Parallel Systems (IJDPS) vol. 3, no. 2.

40. Jaya Bhatt & Naveen Hemrajani 2013, 'Effective Routing Protocol (DSDV) for Mobile Ad Hoc Network', International Journal of Soft Computing and Engineering, vol. 3, no. 5.

41. Jie Wiu & Fai Dai 2006, 'Virtual Backbone Construction in MANETs Using Adjustable Transmission Ranges', IEEE Transactions on Mobile Computing, vol. 5, no. 9, pp. 1188-1200.

42. Joa-Hyoung Lee & In-Bum Jung 2010, 'Speedy Routing Recovery Protocol for Large Failure Tolerance in Wireless Sensor Networks', Sensors (Basel),vol. 10, no. 4, pp. 3389-3410.

43. Jones, KM,Sivalingam, P, Agrawal, & Chen, JC 2001, 'A Survey of Energy Efficient Network Protocols for Wireless Networks', ACM Wireless Networks, vol. 7, pp. 343-358.

44. Jung PiRyu, Min Su Kim, Sung Ho Hwang & KiJun Han 2003, 'An Adaptive Probabilistic Broadcast Scheme for AdHoc Networks', High Speed Networks and Multimedia Communications, vol. 3079.

45. Kalani, G, Srinivas K & Nagaraju A 2014, "Adaptive ant colony network coding to neighbor topology based broadcasting techniques in MANETs", Conferência Internacional sobre Avanços em Computação, Comunicações e Informática, IEEE, pp. 2163-2167.

46. Kannan Shanmugam, Karthik Subburathinam & Arunachalam Velayuthampalayam Palanisamy 2016, 'A Dynamic Probabilistic Based Broadcasting Scheme for MANETs', The Scientific World Journal, vol. 2016.

47. Keshav Kumar Tiwari & Sanjay Agrawal 2013, 'A Secure Reputation-Based Clustering Algorithm for Cluster based energy optimized Mobile ad-hoc network', International Journal of Advanced Research in Computer Science and Software Engineering, vol. 3, no. 5.

48. Khalaf, MB, Al-Dubai AY & Abed, M 2012 "New velocity aware probabilistic route discovery schemes for Mobile Ad hoc Networks", International Conference on Software Telecommunications and Computer Networks, IEEE, pp. 1-6.

49. Khatkar & Kumar 2014, "Transmissão fiável de dados em roteamento anónimo assistido por localização em MANET prevenindo ataques de repetição", Fiabilidade, Tecnologias Infocom e Otimização no IEEE, pp. 1-6.

50. Ko & Vaidya, NH 2000, 'Location-aided routing (LAR) in mobile ad hoc networks', Wireless Networks, vol. 6, pp. 307-321.

51. Kotkar & Vani 2015, 'Comparative analysis of AODV and AODV-TPRD reactive routing protocol in MANET', Electrical, Electronics, Signals, Communication and Optimization in IEEE, pp. 1-5.

52 . Kumar Prasad, S 2009, "Efficient broadcast in MANET using trust mechanisms", Conferência Internacional em Ciência da Computação no IEEE, pp. 1-5.

53. Liu & Li 2012, 'Declarative Policy-Based Adaptive Mobile Ad Hoc Networking', IEEE/ACM Transactions on Networking , vol. 20, no. 3, pp. 770-783.

54. Loyka & Kouki, A 2001, "Using two ray multipath model for microwave link budget analysis", IEEE Antennas and Propagation Magazine, vol. 43, pp. 31-36.

55. Mahesh Marina, K & Samir Das, R 2006, "Ad hoc on-demand multipath distance vetor routing", Wireless Communications And Mobile Computing, vol. 6, pp. 969988.

56. Majid Khabbazian & Vijay Bhargava, K 2008, "Efficient Broadcasting in Mobile Ad Hoc Networks", IEEE Transactions on Mobile Computing, vol. 1, no. 2, pp. 231-245.

57. Marimuthu & Krishnamurthi 2013, 'Enhanced OLSR for defense against DOS attack in ad hoc networks', Journal of Communications and Networks in IEEE,vol. 15, no. 1, pp. 31-37.

58. Mary Jansi Rani & Arumugam, S 2013, 'Control overhead reduction: A Hierarchical Routing Protocol in Mobile Ad hoc Networks', International Journal on Computer ScienceandEngineering , vol. 5, no. 5, pp. 275-279.

59. M.Chekhara,K.Zine-Dinea,M.Bakhouyab,A.Aarouda &D.Elouadghiri 2016,'An Efficent Broadcast scheme in mobile Adhoc Networks', ElSEVIER,Procedia Computer Science, vol. 98, pp.117-124.

60. Ming, Zhao, G, Xie, X & Kuang 2007, 'HOLSR: A Novel Routing Scheme of Ad Hoc Wireless Networks for Pervasive Computing', Pervasive Computing and Applications in IEEE, pp. 661-666.

61. Mnaouer Chen, CH, Foh, JW & Tantra2007, 'OPHMR: An Optimized Polymorphic Hybrid Multicast Routing Protocol for MANET' IEEE Transactions on Mobile Computing, vol. 6, no. 5.

62. Mohammed, M,Ould-Khaoua, L, Mackenzie, J & Abdulai 2007, 'Improving the performance of counter based broadcast scheme for mobile ad hoc networks', in: Actas da Conferência Internacional do IEEE sobre Processamento de Sinais e Comunicações, pp. 1403-1406.

63. Morigere Subramanya Bhat, Shwetha, D, Manjunath, D & Devaraju, JT 2011, 'Scenario Based Study of on denmand Reactive Routing Protocol for IEEE-802.11 and 802.15.4Standards ', vol. 1, no. 2, pp. 128-135.

64. Muneer Bani Yassein, Balqees Abd Hameed, Wail Mardini & Yaser Khamayseh 2013, 'Performance Analysis of Adjusted Counter Based Broadcasting in Mobile Ad Hoc Networks', Communication and Network, Scientific Research, vol. 5, pp. 353359.

65. Muneer Bani Yassein, Sanabel Fathi Nimer & Ahmed Al-Dubai, Y 2011' 'A new dynamic counter-based broadcasting scheme for Mobile Ad hoc Networks',Simulation Modeling Practice and Theory, vol. 19, pp. 553-563.

66. Muneer Bani Yasseina, Sanabel Fathi Nimera & Ahmed Al-Duba, Y 2011, "A new dynamic counter-based broadcasting scheme for Mobile Ad hoc Networks", Simulation Modelling Practice and Theory, vol. 19, no. 1.

67. Naeem Ahmad & S.zeeshan hussain,2016 'Broadcast Expense controlling Techniques in Mobile Adhoc Networks, Journal of king saud university -Computer and information sciences, vol.28 ,PP 248-261.

68. Naveen Chauhan, Lalit Kumar Awasthi, Narottam Chand, Vivek Katiyar & Ankit Chugh, 2011, 'Distributed weighted cluster based routing protocols', International journal of wireless networks in scientific research, vol. 2, no. 1.

69. Nayebi Khosravi, A &S arbazi-Azad, H 2007, 'The impact of stationary nodes on the performance of wireless mobile networks,' in Proc. Int. Conf. Wireless and Mobile Communications (ICWMC), Mar.

70. Olatunde Abiona, O & Yu Cheng 2008, "Mobile Agent based Authentication for Wireless Network Security" em IEEE.

71. Palaniammal & Lalli 2014, 'Comparative Study Of Routing Protocols For Manets', International Journal of Computer Science and Mobile Applications, vol.2, no. 2.

72. Park, Yoo, M, Al-Shurman, B, VanVoorst, CH & Jo 2005, "ARM: Anticipated route maintenance scheme in location-aided mobile ad hoc networks", Journal of Communications and Networks, vol. 7, no. 2.

73. Patil & Soma 2009, "Joint scheduling and routing protocol for backbone based MANET's", Conferência Internacional sobre Internet no IEEE, pp. 1-5.

74. Qayyum, L & Viennot Laouiti, A 2002, "Multipoint relaying for flooding broadcast

messages in mobile wireless networks", in: Proceedings of the 35th Annual Hawaii International Conference on System Sciences, pp. 60-65.

75. Qi Zhang & Dharma Agrawal, P 2005, "Dynamic probabilistic broadcasting in MANETs", Journal of Parallel and Distributed Computing in Science Direct, vol. 65, no. 2, pp. 220-233.

76. Rajeshwar sharma,Tarum sharma & Aditikalia 2016,'A comparative Review on routing protocols in MANET, International journal of computer Applications,vol.133,no 1, pp.10975-88871.

77. Reina, Toral, P, Jonhson, F & Barrero 2013, 'Hybrid Flooding Scheme for Mobile Ad Hoc Networks', IEEE Communications Letters.

78. Sadeghi, S & Yahya 2012, 'Analysis of Wormhole attack on MANETs using different MANET routing protocols' International conference on Ubiquitous and Future Networks in IEEE, pp. 301-305.

79. Sakhaee, E, Tleb, T, Jamalipour, A, Kato, N & Nemoto, Y 2007, "A Novel Scheme to Reduce Control Overhead and Increase Link Duration in Highly Mobile Ad Hoc Networks", International conference on Wireless communication and Networking, IEEE, pp. 3972-3977.

80. Santos Alvarez, O & Edwards, A 2005, 'Performance evaluation of two locationbased routing protocols in vehicular Ad-Hoc networks', Proceedings of 62nd IEEE Vehicular Technology Conference (VTC'2005), vol. 4, pp. 2287-2291.

81. Sarah Omar Al-Humoud, Lewis Mackenzie, M & Jamaldeen Abdulai, 2008, "Neighbourhood-Aware Counter-Based Broadcast Scheme for Wireless Ad Hoc Networks", IEEE Globecom Workshops.

82. Shadi Basurraa, S, Marina De Vosa, Julian Padgeta, Yusheng Jib, Tim Lewisc& Simon Armour 2015, 'Energy efficient zone based routing protocol for MANETs', Ad Hoc Networks in Science direct, vol. 25, pp. 16-37.

83. Shen, Zhao, 2013, 'ALERT: An Anonymous Location-Based Efficient Routing Protocol in MANETs', IEEE Transactions on Mobile Computing, vol. 12, issue 6, pp. 1079-1093.

84. Sherif Badr, M 2012, 'A Framework for Integrated Routing Protocols for Mobile Ad Hoc Network', International Journal of Computer Applications (0975 - 8887), vol. 60, no. 9

85. Shintaro Izumi, Takashi Matsuda, Hiroshi Kawaguchi, ChikaraOhta, & MasahikoYoshimoto, 2007, 'Improvement of Counter-based Broadcasting by Random Assessment Delay Extension for Wireless Sensor Networks', International Conference

on Sensor Technologies and Applications.

86. Shrivastava, Bhadauria, GS&Tomar 2011, 'Performance Evaluation of Routing Protocols in MANET with Different Traffic Loads', Conferência Internacional sobre Sistemas de Comunicação e Tecnologias de Rede no IEEE, pp. 13-16.

87. Shuhui Yang, Jie Wu & Mihaela Cardei 2010, 'Efficient Broadcast in MANETs Using Network Coding and Directional Antennas', IEEE Transactions on Parallel and Distributed Systems, vol. 1, no. 2.

88. Simardeep Kaur & Anuj Gupta K 2012, 'Position Based Routing in Mobile Ad-Hoc Networks: An Overview', IJCST, vol. 3, no. 4.

89. Srinivas Kanakala, Venugopal Reddy Ananthula & Prashanthi Vempat 2014, 'Energy-Efficient Cluster Based Routing Protocol in Mobile Ad Hoc Networks Using Network Coding', Journal of Computer Networks and Communications, Volume2014 , ArticleID351020 , vol. 12, http://dx.doi.org/10.1155/2014/351020.

90. Stefan Pleisch & Stefan Pleisch 2006, 'MISTRAL: Efficient Flooding in Mobile Adhoc Networks', Mobile Adhoc networks in ACM.

91. Subburam & Sheik Abdul Khader 2013, 'Recovering and optimization routing reply for AODV in mobile ad-hoc networks', International Journal of Computer Science and Electronics Engineering (IJCSEE) vol. 1, no. 1.

92. Sze-Yao Ni, Yu-Chee Tseng, Yuh-Shyan Chen & Jang-Ping Sheu, 'The Broadcast Storm Problem in a Mobile Ad Hoc Network', http://www.cs.berkeley.edu/~culler/cs294-f03/papers/bcast-storm.pdf.

93. Tasneem Bano & Jyoti Singhai 2010, 'Probabilistic Broadcasting Protocol In AD HOC Network And Its Advancement: A Review', International Journal of Computer Science & Engineering Survey (IJCSES) vol. 1, no. 2.

94. Thakur & Ganapati 2015, 'Cluster based route discovery technique for routing protocol in MANET', Green Computing and Internet of Things in IEEE, pp. 626666.

95. Tickoo Raghunath, S & Kalyanaraman, S 2003 "Route fragility: A novel metric for route selection in mobile ad hoc networks,' in Proc. Int. Conf. Networks (ICON), pp. 537-542.

96. Tran The Son, Hoa Le Minh, G & Sexton Aslam, N 2015, 'Self-adaptive proactive routing scheme for mobile ad-hoc networks' IET Networks, vol. 4, no. 2, pp. 128136.

97. Tseng, SY, Ni & Shih, Y 2003, "Adaptive approaches to relieving broadcaststorms in a wireless multihop mobile ad hoc networks", Proceedings of IEEE Transactions on Computers, vol. 52, pp. 545-557.

98. Uma Maheshwari & Radhamani 2015, "Enhanced ANTSEC framework with cluster based cooperative caching in mobile ad hoc networks", Journal of Communications

and Networks, vol. 17, no. 1, pp. 40-47.

99. Vijaya Kumar, G, Vasudeva Reddyr, Y & Nagendra, M 2010, 'Current Research Work on Routing Protocols for MANET: A Literature Survey", International Journal on Computer Science and Engineering, vol. 02, no. 03, pp. 706-713.

100. Wang, H, Chen, X, Yang, D & Zhang 2007, 'Cluster based location-aware routing protocol for large scale heterogeneous MANET', Computer and Computational Sciences in IEEE, pp. 366-373.

101. Wei Lou 2004, 'Double-covered broadcast (DCB): a simple reliable broadcast algorithm in MANETs', IEEE computer communication and socities.

102. Weibo Chen & Kun Yang 2006, 'Zone-based Two-level Routing Protocol for Wireless Mobile Ad HocNetworks ', A Fully Reactive Abordagem'www.ee.ucl.ac.uk/lcs/previous/LCS2006/28.pdf.

103. Xi Zhou, Yifan Ge, Xuxu Chen, Yinan Jing & Weiwei Sun 2011, "SMF: A Novel Lightweight Reliable Service Discovery Approach in MANET", International Conference on WirelessCommunications, Networking and Mobile Computing, IEEE, pp. 1-5.

104. Xin Ming Zhang, En Bo Wang, Jing Jing Xia & Dan Keun Sung 2013, 'A Neighbor Coverage-Based Probabilistic Rebroadcast for Reducing Routing Overhead in Mobile Ad Hoc Networks', IEEE Transactions on Mobile Computing, vol. 12, no. 3, pp. 424-433.

105. Xu Li, Tianjiao Liu, Ying Liu &Yan Tang 2014, 'Optimized multicast routing algorithm based on tree structure in MANETs', China Communications in IEEE, vol. 11, no. 2.

106. Yang 2010, "Efficient Broadcast in MANETs Using Network Coding and Directional Antennas", conferência do IEEE sobre comunicação informática.

107. Yassein, Al-Dubai, MO, Khaoua, OM & Al-Jarrah 2009, "New adaptive counter based broadcast using neighborhood information in MANETS", Parallel & Distributed Processing in IEEE.

108. Yu-Chee Tseng, Sze-Yao Ni, Yuh-Shyan Chen & Jang-Ping Sheu 2002, ' The broadcast storm problem in a mobile ad hoc network', Journal Wireless Networks - Selected Papers from Mobicom'99, vol. 8, no. 2.

109. Zang & Tao 2009, 'A K-Hop Passive Cluster Based Routing Protocol for MANET', Wireless Communications, Networking and Mobile Computing, em IEEE, pp. 1-4.

110. Zehua Wang, Yuanzhu Chen & Cheng Li 2013, 'PSR: A Lightweight Proactive Source Routing Protocol For Mobile Ad Hoc Networks', IEEE Transactions on Vehicular Technology, vol. 63, no. 2.

111. Zhang & Agrawal 2005, "Dynamic probabilistic broadcasting in MANETs", Journal of Parallel and Distributed Computing, vol. 65, pp. 220-233.

112. Zhao & Yang 2013, 'A Loose-Virtual-Clustering-Based Routing for Power Heterogeneous MANETs', IEEE Transactions on Vehicular Technology, vol. 62, no. 5.

113. Zhitang, F, Jun, N, Wei, W, Li & Yuan, C 2007, "Um novo protocolo MAC para redes ad hoc sem fios com controlo de potência", em Proc. Int. Conf. Multimedia and Ubiquitous Engineering (MUE), pp. 347-352.

114. Zhou & Lu 2009, "A Secure Distributed Location Service Scheme for Mobile Ad Hoc Networks", Computer Network and Multimedia Technology in IEEE, pp. 1-4.

MIX
Papier aus verantwortungsvollen Quellen
Paper from responsible sources
FSC® C105338

Printed by Books on Demand GmbH, Norderstedt / Germany